Günter Kunert

Baum · Stein · Beton

Reisen zwischen Ober-
und Unterwelt

Carl Hanser Verlag

Für Marianne,
meiner Wegweiserin

1 2 3 4 5 98 97 96 95 94

ISBN 3-446-17209-2

Satz: Fotosatz Reinhard Amann, Aichstetten
Druck und Bindung: Clausen & Bosse, Leck
Printed in Germany

Fensterblicke

Wie in E. T. A. Hoffmanns Erzählung von des »Vetters Eckfenster« dem Blick nach draußen sich das örtliche Leben klarer entbirgt als einem, dem die unmittelbare Nähe die Einsicht verstellt, so kann auch ich mich auf meine Fenster, insgesamt neunzehn ohne die Bodenluken, berufen. Was für Aussichten und Ansichten! Ob sie für die entsprechenden Postkarten, durch die man den Neid der Daheimgebliebenen zu erwecken sucht, vorbildlich oder brauchbar wären, wage ich nicht zu entscheiden. Das Land, in dem ich lebe, das engere jedenfalls, Schleswig-Holstein, ist kein Gebiet überwältigend exotischer Kulissen oder hektischer Agglomerationen, vielmehr eines der klaren Luft, der eher beruhigend wirkenden Landschaft und des gemütlicheren Tempos. Aus meinen Fenstern sehe ich ausschließlich Landschaft. Zwischen »Geest« und »Marsch« gelegen, wird meinem Blick die Gnade leichter Bodenwellung zuteil, verstreuter Wälder und Wäldchen, hingehockter Buschgruppen, vereinzelter Bäume und fleißig bestellter Felder. Ob Sonnabend oder Sonntag – der Bauer fährt mit seinem Traktor an meinem Haus vorbei, weil wir einer angefaulten Gurke willen nicht stundenlang vor irgendeinem Laden Schlange stehen wollen oder genügend Goldvorkommen haben, um Millionen Tonnen Weizen aus Amerika zu importieren. Hier wird noch gearbeitet und nicht vom Lande desertiert. Inmitten dieses landwirtschaftlichen Fleißes, rundum durch beackerte und bestellte Flächen kenntlich, befindet sich unser Garten und Haus. Und ich nenne den Garten an erster Stelle, weil er sich tatsächlich so überaus sichtbar von der umgebenden Nützlichkeit als ein Eiland der Zweckfreiheit abhebt. Und er wird auch als ein Eiland, vielleicht sogar als ein rettendes, angesehen, zumindest von den Vögeln, die ihn zu ihrer überdimensionalen Voliere erkoren haben. Was hier nistet und haust, zwitschert und hüpft, flattert und pickt, scheint von überall hergeflogen zu sein. Wacholderdrosseln, Kohlmeisen, Mauersegler, Grasmücken und auch der vom Aussterben bedrohte Fliegenschnepper, der, nach Kolibrivorbild, schwirrend in der Luft steht. Vor dem Fenster meines Arbeitszimmers, um mich zu beobachten. In einer Tanne hausen zwei Türkentauben, von denen die eine dem Habicht in die Fänge gekommen sein muß. Direkt hinter dem Knick, dem bewachsenen und bewucherten Erdwall, der hier als Feldrain fungiert, lag ein Kranz ausgerupfter Federn, alles andere längst verspeist und verdaut. Und im Winter schritt gravitätisch und unbeholfen ein Fasan ums Haus, knabberte an den eingeschneiten Büschen, um im Frühjahr der Welt seine Einsamkeit durch einen blechernen Ton, als bliese jemand in eine Gießkanne, zu avisieren. Bauern aus den umliegenden Dörfern, Jäger meist, haben diesen Notruf erhört und aus Ungarn Fasanenhennen einfliegen lassen: Von da an traf man den Fasan nur noch mit ständiger Begleiterin.

Wie der Fasan meinen Garten gefunden hat, ist mir ein Rätsel, denn ich wohne in drei Orten zugleich, was ich mir im Grunde immer schon gewünscht habe. Zumindest habe ich drei Adressen, die alle »funktionieren«. Die Orte heißen Kaisborstel, Breitenfelde, Pöschendorf, und die unterschiedlichsten Institutionen schreiben mir unter diesen Ortsnamen, möglicherweise nur, um mich zu verunsichern. Dabei habe ich mich längst entschieden. Auch wenn ich im Telefonbuch unter Breitenfelde angegeben werde und die Sparkasse Belege unbedingt Pöschendorf zuordnet – ich stehe zu Kaisborstel! Als Kaisborsteler bin ich natürlich Lokalpatriot: Dieser Fleck Erde, über den ich aus meinen Fenstern (der Reihe nach) hinwegschaue, ist selbstverständlich der schönste. Sehe ich morgens aus dem Schlafzimmerfenster auf eine leicht ansteigende Schleife der Bundesstraße 204, die von Hamburg nach Husum reicht und von der direkt zwischen Itzehoe und Schenefeld unsere Straße, meine Straße abzweigt, so beruhigt mich der Anblick: Dahinten jagt das Blechspielzeug dicht gedrängt auf seiner Spur ins Irgendwo, jedenfalls und glücklicherweise an Kaisborstel vorüber. Nachts flackert das Fernlicht der eiligen Gespenster über Wände und Decke, bedrohlich und aufstörend, als habe draußen schon das Unheil stattgefunden, das sowieso alle erwarten. Mechanische Lemminge – zu denen ich auch gehöre, so kommen sie mir vor, um dann, aus der umgekehrten Pespektive, die beiden oberen Fenster und den Giebel unseres Hauses aufatmend aus der Ferne zu sichten – wir dürfen abbiegen und heimkehren, während die andern weiter müssen. Oft genug aber, meist gegen Morgen, verdeckt ein spezielles Landesprodukt den Anblick: der Nebel, vor dem im Verkehrsfunk gewarnt wird; da breitet er seine milde Gräue vor uns aus und versteckt den Ausblick auf das technische Zeitalter. Nun könnte man meinen, Kaisborstel liege auf dem Mars oder in einem anderen Jahrhundert. Der Nebel, der diesem nördlichen deutschen Landzipfel, der antiken »Chersonesus Cimbrica« den Beinamen »die Sonnenlose« eintrug, schreckt uns nicht, denn er umhüllt uns vielmehr weltausschließend und geräuschhemmend. Jetzt fliegt auch kein Hubschrauber, kein Jagdbomber, keine Transall-Maschine vom Flugplatz beim Dorf »Hungriger Wolf« dröhnend über uns weg, und auch der Wind hat sich gelegt. Übrigens: Ohne den Wind, dem man »anriecht«, daß er vom Meer herkommt, wäre die Luft nicht von solcher gläsernen Klarheit, als sei sie direkt aus einer Luftwaschanlage frisch geliefert worden.

Entgegen dem Blick aus dem Schlafzimmer nach Süd-Ost bietet sich dem aus dem gegenüberliegenden Dachboden nach Nord-West wenig Eindrucksvolles: Ein präsumtiver Hügel, noch im Zustand des Werdens der Schöpfung, die jedoch unterbrochen scheint. Unter ihm eine Müll-Deponie, vor einigen Jahren aufgegeben und mit Sand bedeckt. Den ganzen Winter hindurch dröhnten über die schmale Straße vorm Haus Transportfahrzeuge, die Mutterboden abluden, den wiederum Raupenfahrzeuge mit ihren Schiebern verteilten. Aber außer Unkraut blüht bis jetzt dort nichts. Die Heilung der Wunde läßt auf sich warten. Zerstören ist leicht, und daß noch leichter Geld für künftige Zerstörung bewilligt wird, ist vielen »Anliegern« im Umkreis gewiß.

Schaue ich aus dem Küchenfenster, über das schmale Asphaltband hinweg und über ziemlich ausgedehnte Maisfelder, begraben Häuser und Dächer einer Ansiedlung den Horizont, Schenefeld, das schon erwähnte, mit einem spitzobeliskartigen Kirchturm, der zu meinem unverminderten Genuß genau das Glockenspiel von Big Ben in London nachahmt. Wer in der Sparkasse gegenüber seine Schulden zählt, darf, sobald er die Augen schließt, sich in »Barclays Bank« wähnen oder gar in der »Stock Exchange«. An dieser örtlichen Spezialität führt die Bundesstraße 204 vorüber und weiter nordwärts, bis Niebüll, bis zur Um- und Urwelt Noldes, die, längst domestiziert, sich von den Visionen des Malers immer mehr entfernt hat. Vorher aber fährt man durch Friedrichstadt, die »Holländersiedlung an Eider und Treene«, wie die Touristenwerbung das Städtchen nennt: Ein vergessenes Beispiel praktizierter Toleranz, denn hier lebten sechzehn Glaubensgemeinschaften friedlich neben- und miteinander. Numerisch an zweiter Stelle und als ein Fünftel der Bevölkerung: die Juden. Ihre Hinterlassenschaft sind zwei Friedhöfe, von denen der eine aus dem Jahre 1676, »op de Klint«, seinen Charakter als Begräbnisstätte längst verloren hat. Wenige schwärzliche, verwitterte Steine ruhen in einem Kreis unter windschiefen Bäumen und einer Wiese an der Treene. Ein Drahtzaun, ausgehend von dem Wohnhaus daneben, dem einstigen »Judenhaus«, umschließt das Areal: Ein Ort der Verlassenheit und Trostlosigkeit und des sicheren Gefühls, daß diese unentzifferbar gewordenen Male einer niemals wiederkehrenden Einstigkeit langsam in dem feuchten, aufgeweichten Boden versinken. Der andere Friedhof, 1890 eingerichtet, hat wunderlicherweise die Zeiten überdauert und wurde noch bis 1936 genutzt: Moses Behrend ist wahrscheinlich als einer der letzten hier bestattet worden, während alle anderen nach ihm »ein Grab in den Lüften« erhielten. Ach, aus der Idylle der Gäßchen, der tatsächlich original niederländischen Fassaden, vom Kanalwasser dupliziert, läßt sich von dieser Vergangenheit weder etwas vermuten noch erschließen. Sie schwärt auch hier im gesellschaftlichen Schatten wie an vielen anderen Stellen bemühten Vergessens.

Vor dem Fenster meines Arbeitszimmers breitet sich ein nahezu reines Landschaftspanorama aus. Im Vordergrund einige Meter Garten, dann Feld und Busch, Baum und Wald, der den Horizont bildet. Über den fernen Wipfeln und ferner als sie: Überlandleitungen wie das Mastwerk aufrecht gestrandeter Windjammer, aber gemalt von Caspar David Friedrich, da sie in witterungsunabhängiger Reglosigkeit verharren. Wäre unser Haus ein Hochhaus, ich würde über den Hochspannungsmast hinwegblicken können, über viele solcher Konstruktionen, und würde die Dörfer am Stör-Deich erkennen, an dem entlang man eine verschlungene, kurvenreiche Straße nach Wewelsfleth fährt, nach Borsfleth und einer Siedlung, welche durch Chronos persönlich gegründet scheint: Uhrendorf. Von hier ein Katzensprung bis zu den Stätten technischer Vorherrschaft, die zugleich jene der Niederlage eines humaneren Bewußtseins sind: Brunsbüttel und Brokdorf. Zwischen dem fensterlosen Klotz des Kernkraftwerkes, dessen Erscheinungsweise wenigstens nicht über seine vielfältige und unheimliche Bedeutung hinwegtäuscht, und gigantischen Chemie-Anlagen geht die Straße zu einem sterbenden Fluß. Umwelt ist zum technizistischen Environment denaturiert. Wer abends an den Anlagen vorbeifährt, an den metallischen Offenbarungen einer fehlgelaufenen Evolution, an Türmen und Rohren, an dieser zusammengenieteten und verschraubten Festung des Fortschrittes, festlich überglänzt von zahllosen Lampen und Lämpchen (was für ein Fest soll das sein?), dem wird angst und bange vor soviel Zukunft. Und Gegenwehr? Wie denn? Falls es gelänge, die Kehrseite der industriellen Zivilisation zu »reinigen«, die Lebensbedrohung durch die Nebenprodukte der Produkte abzuwenden, wären wir denn damit schon all ihren anderen Implikationen entkommen, die uns zu minderen und beiläufigeren Bestandteilen ihrer selbst machen?

Das Grün rings, in dem ich zu leben wähne, verstellt auf natürliche und freundliche Weise derartige Aspekte, ohne sie wirklich verschwinden zu machen.

Pompeji bei Itzehoe

Schon bevor der Zug das Stadtgebiet von Itzehoe erreicht, verlangsamt er seine Fahrt: als gäbe es die geheime Anweisung, den Reisenden ein Monument unserer Epoche eindringlich und ohne Hast vor Augen zu führen. Die Wahrheit ist freilich weniger hintersinnig. Das Tempo wird gedrosselt, ehe der Zug auf die Brücke über die Stör rollt – einen Fluß von ähnlichem Unbekanntheitsgrad wie jene kolossalische Anlage an seinem Ufer, die der Fahrgast, wenn er seinen Nacken verrenkt, noch kurze Zeit hinter sich in der flachen Landschaft erblickt.

Ein Werkkomplex wie eine Mixtur aus Festung und Zuchthaus; Assoziationen stellen sich ein: an Hangars, an militärische Objekte, grau und einförmig; abweisend, unüberwindliche Wandflächen, dekorlos, gradlinig, geometrisch. Hier und da zerbrochene Luken, fehlendes oder zerschlagenes Glas, alles wie seit Äonen von einer dicken, klebrigen Staubschicht bedeckt, die kein Sturm, keine Orkanbö von der nahen Nordsee je wegzublasen vermochte.

Obschon solchermaßen bedrohlich erscheinend, handelt es sich um keine architektonische Konstruktion aus irgendeinem »Krieg der Sterne«, um keine Kulisse für »The Day After« – und doch vermittelt die Anlage unabweislich diesen Eindruck.

Die umfangreiche Baulichkeit, ein mit Hallen, Türmen, Schornsteinen, Schuppen, Brücken und Geleisen überdecktes Areal, ist nichts weiter als die stillgelegte Alsensche Zementfabrik, eine aufgegebene und verlassene Produktionsstätte, die gerade durch ihre Verlassenheit fremdartig und gespenstisch erscheint. Eine außergewöhnliche »pompejanische« Stätte, über die weder Lava noch Asche triumphierte, sondern das technologische Ingenium.

Obgleich die Zementfabrik absolut funktionstüchtig war,

wurde sie verurteilt, als ein Spukschloß der Moderne in der Breitenburger Marsch zu verrotten: durch eine Erfindung, mittels derer man bei der Zementherstellung 40 Prozent des sonst benötigten Öls einsparen konnte. Damit war die bisherige Produktionsweise unrentabel geworden, die Firma baute in der Nähe ein effizienteres Werk und überließ das vormalige einer künftigen Archäologie des Industriezeitalters sowie den seltenen Besuchern, denen man erlaubt, die Leere und Öde nachdenklich zu bestaunen.

Als ich hier eintrat, kam mir die gerade abgelaufene Gegenwart wie fernste Vergangenheit vor, als ginge ich schon nach wenigen Schritten durch die Trümmer antiker Tempel und Paläste – vermutlich, weil ich mir hier Menschen bei ihrer Tätigkeit nicht mehr vorstellen konnte und als Notbehelf bereits Gestalten aus Menzelschen Zeichnungen oder solche von verblassenden Daguerreotypien in die grottenartigen Räumlichkeiten hineinversetzte, als ob die letzte Handreichung, der letzte Hebeldruck, der letzte Schichtbeginn im vorigen Jahrhundert stattgefunden habe und nicht erst vor ein paar Jahren.

Wahrscheinlich ist meine Sehweise geschichtlich geprägt: daß man Bauwerke, die aus dem Gebrauch gerieten und Spuren unaufgehaltenen Verfalls aufweisen, unwillkürlich als Museumsstücke betrachtet. Doch das erklärt noch lange nicht jene eigentümlichen und ambivalenten Empfindungen, die sich inmitten einer zementverkrusteten, höhlenartig aussehenden Innenwelt einstellten. Es war, als wäre ich unversehens in das gigantische Abbild meiner eigenen Psyche geraten. Das mag seltsam klingen. Aber wenn mir jemand die Aufgabe stellte, meinen »Seelenraum« bildlich darzustellen – müßte der nicht als zugleich archaisch und industriell vorgefertigt sichtbar gemacht werden?

Umherirrend zwischen den sich weithin erstreckenden Gemäuern und angesichts dunkel klaffender Eingänge, hinter denen der Hades zu warten schien, suchte ich meine

Gefühle und Überlegungen aufzuhellen. Wozu komme man her? Was erwartet die so spürbar starke Neugier von diesen Vergegenständlichungen menschlicher Arbeit, die man wohl kaum besichtigt, bloß um über Technik-Geschichte belehrt zu werden? Die wenigsten interessieren sich ja für die Umstände, die einstmals Leben, Leiden und Herrschen bestimmten; vielmehr dafür, wie sich vergangenes Dasein als Kultur kristallisiert hat. Man will wie eh und je erhoben sein, euphorisiert, der persönlichen Zivilisationshöhe sicher. Man verlangt in dieser alles und jedes relativierenden Gegenwart nach dem unwandelbar gewordenen Gestern, nach der Sicherheit des Eindeutigen, die es vorgeblich bietet, um dann daraus den »Honig« der Nostalgie zu saugen.

Was denn eigentlich habe ich in dem »kulturlosen« und rein technisch determinierten Bereich einer ehemaligen Zementfabrik zu finden gedacht? Einen Anlaß etwa für ein unverbindliches Mitgefühl mit denen, die sich da abgerakkert haben? Existiert hier irgend etwas, das über die kahle Ansammlung von Betonmassen hinaus von Bedeutung ist? Etwas, das nicht in den Mengen von Eisen und Stahl aufgeht, das keine Gewinnrechnung ausweist, das nicht in den Kontobüchern steht?

Die Verlockung, diesen Gesamtkomplex des Gebauten zu erfassen, sogar: zu erfahren, entsteht doch durch etwas anderes. Dabei rede ich noch nicht einmal von den merkwürdigen Formen des Apparativen, die, aus ihrem Funktionszusammenhang entlassen, überraschend organischen Gebilden gleichen – als schlängelten sich in den farblosen Sälen und Kavernen chamäleonhafte Pflanzen über Wände, Decken und Böden, hinab, hinauf, erstarrt unter meinem forschenden Blick. Anderswo stieg bambusähnlich eine Röhrenkompanie aus dem Boden, und mir wurde bei diesem Anblick klar: Was immer Menschen entwerfen und verwirklichen, es bleibt bei der Formfindung stets der Natur verpflichtet. Freilich wird es einem selten genug bewußt. Allein wenn solche

Schöpfungen, sich selbst überlassen, ihr alltägliches Aussehen ändern, wird die morphologische Verwandtschaft kenntlich.

Die Verlockung, sagte ich, entsteht durch etwas anderes: Es handelt sich dabei um die durch keinen ästhetischen Aufwand beschönigte Häßlichkeit des unverhüllten, nackten Zweckes. Weil stets bereit – und ich schließe mich da keinesfalls aus –, in der künstlichen Umwelt Exempel der Schönheit zu sehen, beeindruckende städtebauliche Leistungen, Symbole des Zeitgeistes oder zumindest doch Epochenerzeugnisse, täuscht man sich häufig selber über den wahren Charakter der Werke von Menschenhand.

In Alsens Zementfabrik dagegen findet keine Verzauberung statt. Illusionslos erkennbar bleibt, da jeder Versuch einer künstlerischen Verklärung fehlt, das »Reich der Notwendigkeit«, dessen zwangsweise Bürger wir alle sind. Den anfänglichen Schauder, jenes heimlich-unheimliche Angerührtsein, bewirkt dieser »Moment der Wahrheit«, der Blick in den Spiegel; ein Blick jedoch, der, wie nicht anders zu erwarten, nur für das Gewesene zu dieser Einsicht bereit ist.

Wie die Korallen ihre Riffe, so lassen die Generationen Bauwerke zeitlich hinter sich zurück. Und solche verlassenen Fabriken sind ja auch tatsächlich die Realisationen des durch Arbeit verbrauchten Lebens. Kein Ort der Ruhe, des Heimkommens, des Hausens, der Repräsentanz, der Gläubigkeit, sondern das unverstellte Ergebnis von zahllosen, sich selber verschleißenden Körpern, welche Riesengehäuse durch Hingabe ihres Daseins gebildet haben – eben wie Korallen. Auch wenn die Hingabe unfreiwillig geschah und nur dem Erhalt der individuellen Existenz gedient hat.

Das vereinsamte Werk wirkte auf mich wie das überdimensionale Fossil eines mächtigen, plötzlich überflüssig gewordenen Sauriers, dessen Reste ich mit paläontologischem Interesse musterte, ohne doch die Lebensbedingungen des Monstrums in meiner Phantasie rekonstruieren zu können. An manchen Stellen wies es sogar noch täuschende Anzeichen von Leben auf: sickerndes Wasser, fallende Tropfen, von der an Leitungen und Metallteilen kondensierten feuchten Luft. Staubwirbel im jäh hereinschießenden Sonnenstrahl. Grabesstille, wo früher unvorstellbarer Lärm Reden wie Zuhören sinnlos machte. Auch Nervenstränge, elektrische Kabel, noch nicht endgültig tot, einige noch unter Strom. Hier und da glimmt ein rotes Warnlämpchen, um Buntmetalldiebe abzuschrecken.

Doch der letzte Lebensfaden wird bald gekappt sein. Das Ausschlachten, das Ausweiden hat begonnen. Die stählernen Brennöfen werden stückweise demontiert. Die unterteilten Fensterwände lassen jetzt Wind, Regen, Schnee ungehindert Zutritt. Auf daß sie an der Verwandlung des technischen Interieurs mitarbeiten.

Wenn ich ab und zu einer frischen Öllache auswich, meinte ich, darin dem Signal einer noch nicht völlig abgestorbenen Vitalität zu begegnen; als bewegte sich, sobald niemand in der Nähe wäre, einer der großen Motoren, welche die mannshohen, endlos sich erstreckenden Zylinder drehten; als ruckte hin und wieder insgeheim ein Kugellager einige Millimeter weiter. Und die verrosteten Schilder gaben mir Uneingeweihtem Rätsel auf, wie eine unentzifferte Schrift aus der Frühzeit.

Draußen auf den innerbetrieblichen Straßen und Wegen und Rampen, selbst auf den grauen Dächern siedelten an manchen Stellen schon Unkraut, Löwenzahn, Grasbüschel, Keimlinge von Bäumen. Die schleichende Invasion der Unbesiegbaren hatte unauffällig eingesetzt.

Schleswig-Holstein im Konjunktiv

Was wäre gewesen, wenn ... So fängt alles Bedauern über die unrealisierte, persönliche Vergangenheit an. Was wäre gewesen, wenn ich hier das leicht verregnete, schleswig-holsteinische Licht der Welt erblickt hätte? Vielleicht wäre ich jetzt Landarzt in Schenefeld, hätte eine Frau aus Nordfriesland und zwei Kinder und machte mit allen dreien am Wochenende lange Radtouren durch eine Landschaft, die der liebe Gott für Fahrradfahrer geschaffen hat. Oder ich wäre Landbriefträger, den halben Tag unterwegs, weil überall in den Dörfern ein *Klönsnak* zu absolvieren ist und weil die schleswig-holsteinischen Uhren anders gehen: nämlich langsamer. Hier besitzt man noch, was einem andernorts verlorenging oder abgeknöpft wurde – Zeit für sich und für andere. Oder ich wäre Landwirt und Bürgermeister in Personalunion wie mein Nachbar und läse mit Besorgnis in der Zeitung: »Schleswig-Holsteins Böden trocknen aus. Im Lande zeichnet sich eine Dürre ab. Die Landwirtschaftskammer in Kiel berichtete gestern auf Anfrage über die stark abnehmenden Bodenwasservorräte. An den Pflanzen seien erste Anzeichen des Verwelkens zu beobachten. Für Wintergetreide und Feldgras sei die Wasserversorgung unzureichend.«

Was wäre gewesen, wenn ... Wenn ich in Lübeck in der Mengstraße Nummer fünf gewohnt hätte, als ein jüngeres Mitglied der Familie Mann einen Roman schrieb, der just in dieser Stadt spielte? Sicher wäre Lübeck für mich eine andere Stadt geworden, als sie mir heute erscheint. Von den Zeitläufen und Ereignissen beschädigt und gezeichnet, spiegele ich mich nicht in der Patrizierstadt, sondern weitaus eher in jenen bescheidenen Gassen des 17. und 18. Jahrhunderts, wo der rötliche Backstein unverputzt und geschwärzt offenliegt und seine Narben herzeigt. Hinter seiner ehrwürdigen Geometrie läßt sich etwas vom gestrigen Leben erahnen. Aus dem gleichen Stein ist auch unser Haus gebaut, massiv, wie für die Ewigkeit, die in Schleswig-Holstein noch einen Hauch von Glaubwürdigkeit besitzt. Allerorten findet man dieses menschengemäße Material, überall ähnliche Bauweisen. Insofern bietet auch der kleinste Ort dem Reisenden ein sich wiederholendes und stets erneuerndes Erlebnis: das von Bekanntheit und Fremdheit zugleich. Natürlich erkennt man, daß in Dithmarschen, wo die reichen Bauern saßen, die Siedlungen aufwendiger sind als auf der sandigen Geest, wo das Geld nie reichte. Aber etwas eigentümlich Gemütliches, verwunschen Behagliches trifft man überall, auch in den katzenkopfgepflasterten Sträßchen der alten Zentren, wo sich geduckte Behausungen um Kirchen und Dome gruppieren, deren Dimensionen wie für viel größere Städte gedacht scheinen. Ob in Meldorf oder in Schleswig – schon aus der Ferne sieht man die gigantischen Türme. Aus der Nähe lassen sich erstaunliche Entdeckungen machen.

In Schleswig etwa, vor dem Portal von Sankt Petri, wundert man sich über die Schwärzungen des Steins, die, obwohl Spuren alter Brände, wirken, als sei das Feuer erst vor kurzem gewesen und nicht vor Jahrhunderten. Wie der Dom einst aussah, zeigt der König im Tympanon, wahrscheinlich Knut der Große, der ein Modell des ursprünglichen Bauwerks hält, das wohl aus der Zeit um 1050 stammt. Im Kircheninnern lugt man in eine vergitterte Grabkapelle, ausgestattet mit frommen Bildern im Stil und aus der Zeit der »Neuen Sachlichkeit«, und erblickt verblüfft auf einem der Gemälde der zwanziger Jahre das Gesicht des Josef Wissarionowitsch Stalin. Welch eine seltsame Begegnung der dritten Art!

In Meldorf betritt man das rechte Seitenschiff mit einem gewissen Unbehagen: Die gewaltigen, aus Ziegel gemauerten Säulen machen dem Schiefen Turm in Pisa Konkurrenz; sie sind dermaßen aus dem Lot geraten, daß man das Schlimmste befürchten muß. Bemerkt man dann auch noch den verdächtigen Riß in einer Querwand, zieht es einen hinaus ins Freie. Uralt sind beide Sakralbauten, ihre Ursprünge liegen im neunten Jahrhundert. Aber an baulichen Resten aus der Entstehungszeit sind nur wenige Teile erhalten. Aus dem gleichen Jahrhundert stammen Feldsteine im Mauerwerk der alten Kirche in Schenefeld.

Von meinem Küchenfenster aus kann ich den schlanken Turm dieser Kirche sehen, ihr stündliches Glockenspiel, eine Nachahmung der Klänge vom Londoner Big Ben, aber nur hören, sobald ich die drei uns trennenden Kilometer überwunden habe, um im Dorf einzukaufen. Wie das früher hier ausgesehen haben mag, ohne die Landsparkasse, ohne den Supermarkt Bona, ohne Tankstelle, ohne den Frisör und ohne die »Trödeltruhe« …

Die imaginäre Zeitreise hebt schon an, sobald ich mich von meinem Schreibtisch weg auf die Bundesstraße 204 nach Itzehoe begebe: Ich kreuze die Kaaksburg, den Ringwall einer sächsischen Wehranlage, die jetzt eine Tankstelle und ein Hotel vor kaum zu erwartenden feindlichen Angriffen schützt. In Itzehoe, angeblich von Karl dem Großen gegründet, erhebt sich im Stadtgebiet ein »Germanengrab«, ein Grabhügel aus der Bronzezeit, vor dem Gedenksteine an die fatale Symbiose von »Germanentum« und imperialem Anspruch erinnern. Zu dessen Vorgeschichte gehören zwei Männer, zwei Schriftsteller, die im Ort einst als Redakteure einer Nazi-Zeitung tätig waren, Ernst von Salomon und Bodo Uhse. Uhse wurde Kommunist, emigrierte nach Mexiko, ging in die DDR zurück, wurde zu einem »Klassiker« der DDR-Literatur. Salomon blieb in Deutschland, wurde 1945 von den Amerikanern inhaftiert und schrieb sein berühmtes Buch »Der Fragebogen«. Auch das ist Heimatkunde.

Noch ein anderer, berühmterer Autor ist auf seine, nicht gerade erfreuliche Weise mit Schleswig-Holstein verbunden. Er hatte in Neuhaus, Kreis Lütjenburg, eine Anstellung bei der Behörde gefunden, angeblich eine Unterschlagung begangen und sich am 18. September 1925 freiwillig der Polizei gestellt. Er wird zu zweieinhalb Jahren Gefängnis verurteilt, die er im Zentralgefängnis von Neumünster verbüßt. Nach seiner Entlassung wird er Anzeigenwerber und bald darauf unter dem Namen Hans Fallada ein bekannter Erzähler. Die Stadt Neumünster hat vor einigen Jahren einen Literaturpreis gestiftet und nach ihm benannt; die Jury verbringt den inoffiziellen Teil ihrer Tagung noch immer in der Kneipe, wo der Romancier sich mit Bier und Schnaps gegen diese Welt wappnete.

Heute müssen die zwischen Eider und Stör angesiedelten Schriftsteller nicht mehr mit dem Rad über Land, um ihr Dasein zu fristen wie der Autor von »Bauern, Bonzen und Bomben«, einem Roman über die Landvolkbewegung von 1933. Noch weiter rückblickend in die schleswig-holsteinische Literaturgeschichte, begegnen einem nur wenige Dichter. Friedrich Hebbel, in Wesselburen geboren, verläßt den Norden; von den Weltbürgern und Brüdern Heinrich und Thomas Mann nicht zu reden. So bleibt nur Theodor Storm den »Nordlichtern« treu und seiner Geburtsstadt Husum, der »grauen Stadt am Meer«, der winddurchwehten.

Doch die Ungunst der Zeit hat sich in kultureller Hinsicht auf das nördlichste Bundesland günstig ausgewirkt. Dichter, andernorts in ihrer Kreativität behindert oder von der Megamaschinerie Großstadt entnervt und erschöpft, fanden im nebelumwogten Kimbrien angenehme Arbeits- und Lebensbedingungen. So sehen wir gleich hinter dem Deich an der Eider die Lyrikerin Sarah Kirsch inmitten ihrer Schafe, Katzen, Blumen und Gedichte eifrig werken, nur im Notfall bereit, ihren Garten für kurze Zeit unwillig zu verlassen. Im gleichen Dorf hat Wolfdietrich Schnurre, der Ur-Berliner, als neuer Landbewohner Wurzeln geschlagen. Weiter südlich in Borsfleth an der Stör sitzt Helmut Heißenbüttel in seinem mühselig restaurierten Gehäuse an der Produktion von Worten und Wörtern. Günter Grass, zwar nach Hamburg verzogen, besitzt noch seine Wewelsflether Residenz.

Zwar wird ihnen Schleswig-Holstein nicht – um einen Thomas Mannschen Titel abzuwandeln – zur »geistigen Lebensform« werden (das verhindern schon die biographischen Brüche der Zugezogenen). Aber gerade in einem solchen Land, in dieser unauffälligen, undramatischen Landschaft mit ihren freundlichen, genügsamen Menschen ergibt sich leichter als an aufgeregten Weltplätzen der fürs Schreiben nötige Zustand von Ruhe, Besinnung, Atemholen.

Ganz gewiß wird keiner von uns hier zum »Heimatdichter«. Aber daß dieses Land seinen Einfluß auf unsere Texte ausübt, ist sicher. Und sei es nur, daß man vom abgelegenen Bereich aus schärfer und wohl auch sensibler die zivilisatorische Bedrohung wahrnimmt.

Was nach resignativem Lob der kleinen, heilen Welt klingt, ist keineswegs so gemeint. Denn auch Schleswig-Holsteins Dörfer haben sich verändert. Der Anschluß an die Metropolen, an die früher unerreichbare Ferne ist jetzt eine Selbstverständlichkeit. Von meinem Garten bis zur Mönckebergstraße in Hamburg brauche ich vierzig Minuten: Entfernungen schrumpfen. Großspurig gesagt: Hier liegt alles vor der eigenen Haustür. Auch die Geschichte. Man muß nicht weit reisen, um ein Bronzezeitgrab zu betrachten. Man findet es mitten in Itzehoe. Und man macht sogar noch seine eigenen Entdeckungen: Die Deckplatte der Grabstätte hat kleine, unregelmäßige Aushöhlungen auf der Oberfläche. Betrachtet man sie genauer, scheinen sie einander in einer bestimmten Konstellation zugeordnet, und zwar in der des Sternbildes »Großer Wagen«.

Die Geschichte des norddeutschen Raumes bietet immer noch genügend Rätsel für spekulative Köpfe. Darum sollte, wer das Landesmuseum Schloß Gottorf besucht, zuerst in die Nydamhalle gehen, wo man seinen toten Urahnen begegnet, falls man zweitausend Jahre alte Leute so bezeichnen kann. Auf jeden Fall empfindet der Besucher ein mehr oder minder angenehmes Gruseln. Geschützt hinter Glas liegt da einer, aus Damendorf stammend, und sieht aus wie ein Handschuh, aus dem sich die Hand zurückgezogen hat: nur Haut, sonst nichts, außer dem Haar und Kleidungsresten. »Bei hohem Säuregehalt lösten sich die Knochen auf«, liest man und ist merkwürdig angerührt von dieser faltigen, wesenlosen Gestalt, die man problemlos zusammenrollen und in einer Aktentasche unterbringen könnte. Ein seltsames *Memento mori*. Plastischer die andern Moorleichen, wie etwa das junge Mädchen aus Windeby bei Eckernförde. Und wie geriet diese jugendliche Blondine in den Sumpf? Der Kopfhörer verrät es uns: »Nach späteren germanischen Rechtsquellen konnten auch Frauen für Ehebruch oder böswillige Zauberei mit dem Gang ins Moor bestraft werden. Meist ist der Delinquent vorher getötet worden. Vor der Tötung wurden den Frauen nicht selten die Haare abgeschnitten. Das galt als besonders schimpflich. Bei dem Leichnam des jungen Mädchens ist dies geschehen. Ganz in der Nähe fand man eine nur schlecht erhaltene männliche Moorleiche, die unter schrägen Stangen lag. An der Halspartie sehen Sie noch die hölzerne Schlinge, mit der der Mann erhängt oder erdrosselt wurde. Ob ein Zusammenhang zwischen Mann und Mädchen besteht, das Rätsel werden wir niemals lösen ...« Ebenso rätselhaft ist das »Götterpaar von Braak«, unweit von Eutin, das 1948 zufällig beim Torfstechen entdeckt wurde. Fast drei Meter hoch sind die Skulpturen, deutlich als Mann und Frau auszumachen und rund zweitausend Jahre alt.

Die Archäologie bietet uns Fakten und Funde: haufenweise Waffen, Schmuck, Grabbeigaben. Doch wer gegen wen und warum, bleibt oft verborgen. Die Schautafeln in Gottorf demonstrieren den Rüstungsstand vor- und nachchristlicher Zeit, die Zunahme der Bevölkerung, Stammesnamen tauchen auf, Angeln, Sachsen, Jüten. Claudius Ptolemäus, Astronom und Geograph, berechnete im fernen Alexandria um 150 nach Christus die Größe des Landes und nannte als erster Siedlungen im »freien Germanien« an der unteren Elbe und in Holstein: Treva, Laphana, Lirimiris und Marionis. Niemals wieder tauchen diese Namen auf, mit keinen anderen, historisch bekannten Orten sind sie identisch – als habe sie der Wind, der Sturm verweht.

Ebenso unerklärlich ist im 5. Jahrhundert der Auszug der Angeln und Sachsen nach England. Licht-Pünktchen, die Siedlungen auf der Karte markieren, erlöschen eins nach dem anderen: Was vertrieb diese Menschen von diesem Stück Erde? Man weiß es nicht. Kimbrien fällt in die Geschichtslosigkeit zurück. Erst in den Dokumenten der Karolingerzeit taucht es wieder auf. Was wäre gewesen, wenn ...

Wer des Museums überdrüssig ist, der ziehe sich auf ein stilles Fleckchen zurück. Gleich hinter Bornholt um die Ecke rechts am Nord-Ostsee-Kanal kann er beobachten, daß, wer langsam fährt, auch vorankommt. Dort kehrt Besänftigung ein ins Gemüt, wenn man hoch oben am Rande der Wasserstraße hockt, zu seinen Füßen die großen Kähne sich sacht dahinschieben sieht und darauf hört, was sich die Wolken erzählen. Denn nur in einem küstennahen Landstrich sind die Wolken so vielgestaltig, so bewegt und so bewegend.

Stille für die Geschichtsmüden auch am »Schwienskopp«, dem »Schweinekopf« am Trischendamm, wo die Elbe in die Nordsee fließt. Oben auf dem Deich eine Bank, unter deren Sitzfläche immer mal wieder ein müdes, gemütlich vor sich hin rülpsendes Schaf liegt. Das Deichvorland ist begrünt bis weit hinaus, wo das Wasser mehr zu vermuten als zu erkennen ist. Man glaubt, über den Rand der Erdkugel hinausschauen zu können, wie es ein alter Holzschnitt des 16. Jahrhunderts zeigt: Der allerfernste Raum noch scheint sich dem Auge zu öffnen, und aus der Tiefe und Ferne erfolgt so etwas wie eine suggestive, fast hypnotische Rückwirkung. Man kann den Blick nicht abwenden: Hier rechnet die Zeit in Äonen.

Die Natur führt uns in Schleswig-Holstein erstaunliche Seiten vor. Ich erinnere mich, von einer Lesung in Flensburg heimfahrend, an eine Sommernacht mit grellem Mondschein und klarem Himmel. Über den Wiesen beidseits der Landstraße lagerten flache Nebelbänke, ein geteiltes Meer von Watte, aus dem die Schädel der Kühe ragten: Götterbilder von einem fremden Planeten. Ein Anblick, wundersam, nicht ganz geheuer. Spukland? Spökenkiekerland? Im Nebel oder unter anderen Voraussetzungen geht hier noch manches um, was sich unsere Schulweisheit nur zu gerne wieder träumen ließe. Unvergessen das Gespräch mit einer Journalistin, die von der Ausfahrt mit einem alten Krabbenfischer erzählte, wie zurückhaltend er von seinen einsamen Touren berichtet habe und was ihm da an Erscheinungen zugestoßen sei. Von ihrer Seite fiel, da sie davon sprach, kein Spottwort, auch bei den Zuhörern nicht, und es war auch kein Anlaß dafür.

Für »vom Großhirn unkontrollierte Visualisierungen innerer Bilder« (wie der Wissenschaftler sagt) bietet wohl der dämmrige Norden bessere Gelegenheiten als die klare Helle südlicher Gefilde. Man kann sich vorstellen, wie umfassend die Abgeschiedenheit hier noch vor sechzig, siebzig Jahren gewesen sein muß, als die verstreuten Siedlungen nur durch Ochsenwege miteinander verbunden waren. Dazu die endlosen Nächte, im immer viel zu frühen Herbst beginnend, die für ein paar Stunden so tun, als gäben sie dem Tag eine Chance. Doch schon am Nachmittag beginnt die Umwelt sich erneut zu verdunkeln, und es dauert nicht lange, dann meint man, die Fensterscheiben seien von außen mit schwarzer Ölfarbe zugestrichen.

Oder der Wind, sich häufig mitten in der Nacht zum Sturm steigernd, klappert mit losen Dachziegeln. Man würde näher ans flackernde Herdfeuer rücken, wäre es nicht durch den Schein des Fernsehers ersetzt und die echten Gespenster ihren billigen Nachfahren aus Videokassetten gewichen. Die heimlichen Befürchtungen gelten nicht mehr den Wiedergängern, jenen ob ihrer bösen Taten zum nächtlichen Wandeln verfluchten Toten (die man ins Moor warf, um sie an der Rückkehr zu hindern), sondern dem schrumpfenden Sparkonto, der Umweltzerstörung, dem gefährdeten Arbeitsplatz. Denn Schleswig-Holstein ist arm, es gibt immer weniger Arbeit, und die nach außen intakte Welt hat viele kaum zu bewältigende Probleme. Eines davon ist der biologische Tod der Nordsee: Folge einer Industriezivilisation, die keine Schonräume mehr kennt.

Was wäre gewesen, wenn ... Wenn sich aus irgendwelchen Gründen die agrarische Gesellschaft erhalten hätte? Wir hätten gewiß weniger Freiheiten oder gar keine. Wir bauten unseren Kohl und brächten ihn auf die Märkte, die noch heute in den kleinen Städten abgehalten werden und eine Ahnung von dem vermitteln, was sie einst bedeutet haben: zentrale Punkte für Kommunikation, für den Austausch nicht nur von Waren, sondern von Neuigkeiten, Gerüchten, Geschwätz, Gedanken.

Auf dem schräg abfallenden, holprig gepflasterten Marktplatz in Mölln wäre man vielleicht einer Berühmtheit begegnet: Till Eulenspiegel, der das Publikum auf seine Weise narrte – auf eine menschenfreundlichere als die meisten gegenwärtigen Narren. Sein letzter Streich besteht ganz offensichtlich in seiner »Hinterlassenschaft«, einer Grabplatte, die ihn im Schellenrock mit Eule und Spiegel zeigt. Der Stein gibt als Jahr seines Todes 1350 an, obwohl er nach den Schriftzeichen aus dem 16. Jahrhundert stammt: Ein Denkmal, das täuschend echt etwas vorgibt, was gar nicht sein kann. Ein Gleichnis dafür, wie leicht man sich betrügen läßt. Am leichtesten mit dem Schein der Wahrheit.

Da sucht' ich meine Freuden

Von den immer noch verbreiteten Kitschpostkarten und den Reproduktionen trivialer Landschaftsmalerei erwartungsvoll eingestimmt, begibt sich der Naturfreund – für den auch ich mich halte – in die Lüneburger Heide, um es dem Jägersmann aus dem bekannten Volkslied gleichzutun, von dem es heißt, er suche seine Freuden im Wald und auf der Heiden. Bevor man jedoch mit der Freudensuche beginnen kann, muß man zuallererst die Heide selbst suchen.

Sie ist nämlich kaum noch da. Und wenn man Heidefachleute nach ihr fragt, erfährt man, daß sie leider im Moment weithin abwesend sei, zumindest in Form von Heidekraut, welches wir fälschlicherweise stets für das kleine Blümelein gehalten haben, das Erika heißt. In Wirklichkeit handelt es sich statt um Erica tetralix um Calluna vulgaris.

Das bleibt nicht die einzige Enttäuschung. Der in solcher gewellten Landschaft nur als »schweifend« zu bezeichnende Blick sucht auch Calluna vulgaris vergebens. Die visuellen Versprechen von Malergenerationen erweisen sich als uneinlösbar. Nichts – kein Kraut, keine Hoffnung auf violett getönte Flächen. Statt dessen überzieht eine spezielle Grassorte, die Drahtschmiele, den Boden von Horizont zu Horizont, von Wegesrand bis Waldesrand, von der Bundesstraße bis zu den Schafställen, in welchen die Heidschnukken nächtigen.

Und wo ist nun Calluna vulgaris geblieben? fragt der besorgte, weil durch vielerlei ökologische Schreckensmeldungen sensibilisierte Naturfreund weiter und hört: Weil der Boden seit einiger Zeit zu humusreich ist, schießt das Gras ins Kraut und verdrängt die auf ärmlichem Sand gedeihende Calluna vulgaris. Aber, sagen die Fachleute, sobald das Gras den Humus abgebaut und den Grund ausgelaugt habe, werde die Heide in alter Pracht erstehen.

Fachleute sprechen aber auch von irreversibler Veränderung der Bodenqualität. Und ganz böse Gerüchte besagen sogar, die Heide sei gegen Birkenschößlinge »gespritzt« worden, um die Birke zurückzuhalten, weil diese nur zu gern und zu rasch zur Waldbildung neige, und der Krautmangel sei der Fluch der gutgemeinten Tat. Der Naturfreund vernimmt derlei Ansichten und enthält sich einer eigenen. Er nimmt die Prärie in Kauf und findet auch diese beeindruckend und betrachtenswert.

Eine eigenartige Vedute, durch die er flaniert wie alle anderen Heide-Flaneure, die sich Wanderer nennen und sozusagen in der Ausgehuniform der Naturliebhaberschaft daherkommen; im doppelten Sinne des Wortes gut betuchte Leute, in Gewänder gekleidet, die Rückschlüsse auf das Urmodell zulassen. Diese Kniehosen, diese Kniestrümpfe, oftmals signalrot, die Lodenjacken und Umhänge – so ähnlich angezogen stieg der Wildschütz in alten Heimatfilmen der Gemse nach. Wie aus solchen Filmen entlaufen wirken denn auch diese Passanten, denen man auf Sandwegen begegnet. Etwas Professionelles geht von diesen Gestalten aus, als seien sie beruflich auf Wanderschaft und nicht bloß verkleidete Bankangestellte, Hausfrauen und Konditormeister. Da ist die Jugend ungezwungener und zieht in Jeans und grellen T-Shirts durch die Botanik, singt sogar manchmal gemeinsam einen Schlager und schert sich den Teufel um angemessenes Aussehen, um fiktive Natur-Konformität.

Je weiter man in das Naturschutzgebiet Lüneburger Heide eindringt, auf um so seltsamere und gänzlich inadäquate Gäste trifft man. Manche von ihnen fahren mitten im schönsten Stück Natur in weithin lärmenden Panzern umher und üben gemeinsam Attacken: britisches Manövergelände, durch keinen Zaun, durch keine Tarnwand abgeschirmt und direkt an einer Durchfahrtsstraße gelegen. Geparkte Autos von Neugierigen, Grüppchen, ganze Familien beobachten betreten die Bescherung.

Die vorwärtsrasselnden Stahlkästen, die den Sand aufwirbeln und in langen Fahnen hinter sich herschleppen, während sie auf einen für die unfreiwilligen Schlachtenbummler nicht erkennbaren Feind feuern, passen wohl kaum in das Ansichtskartenklischee, das man im Kopf mitgebracht hat. Und sie passen nicht zur Friedlichkeit und Verlorenheit dieser ziemlich mühsam geschützten Gegend.

Die ständig tätige zivile Schutztruppe dieses immerhin 20000 Hektar großen Gebietes besteht aus einem fünfköpfigen Landschaftspflegetrupp – viel zu wenig für diesen riesigen Bereich. Und um was alles müssen sich die Schützer kümmern! Da gräbt ein Bauer, der Pachtrechte hat, einen Entwässerungsgraben durch ein Feuchtgebiet, damit seine Schafe dort weiden können, und gefährdet so die ökologische Balance eines umfassenden Areals. Der Graben muß mittels einer Planierraupe, die ja wiederum Spuren hinterläßt, zugeschoben werden. Oder die Rückverwandlung eines alten Torfstiches in ein Moor: Wenn man heute zu den aufs neue voll Wasser gesogenen, versumpfenden Flächen gelangt, erlebt man die Geschichtlichkeit der Natur, von der wir selbst so schwer zu überzeugen sind, da wir ständig geneigt sind, sie, die Natur, oder zumindest deren aktuelle Erscheinungsweise, für ewig gleichförmig zu halten – vielleicht weil wir den Glauben an etwas unveränderlich Konstantes, Dauerhaftes als inneren Halt benötigen. Nicht ganz zufällig trat eines Tages die Natur an jene Stelle, welche Gott verlassen hatte.

So erscheint selbst dieser Flecken archaisch und von biblischem Alter, aus dem brackigen Wasser steigen nicht nur vergraute Baumstämme wie Zeugen der Vorzeit, Bruchholz, Wasserpflanzen, sondern mit ihnen die Illusionen der Urtümlichkeit. Und doch: nur ein Freilichtmuseum – unter Mühen hergestellt, sorgfältig gepflegt und erhalten. Natur heute. Der breite Pfad zwischen den renaturierten Mooren zeigt sich grünlich überzogen, das Vordringen von Feuchtbewuchs auf einer alten Aufschüttung, einem festen Damm, über den ehedem die Bauern zum Torfstechen fuhren; nun ein Zugang zur Nostalgie höchstpersönlich.

Es existieren noch verborgenere Stellen, an denen bemerkenswerte Konstellationen von Baum, Stein und Bodenformation bestehen, welche für Sympathisanten des Neolithikums den Eindruck des Hergestellten, des einstmals Bezweckten erwecken.

So in einem Waldstück rechtsseits von dem auf den »Totengrund« hinweisenden Steinklotz: Dort stößt man auf einen enormen Felsbrocken, begleitet von kleineren Brüdern, in einer Kuhle, umgeben von mächtigen Buchen, von denen man ohne Schwierigkeit annehmen kann, daß sie einen unregelmäßigen Kreis um diesen Punkt bilden. Die Stätte ist von überwältigender Uneindeutigkeit, so als hätte die Natur das, was möglicherweise Anlage war, in sich zurückgenommen, um es unserer sinnlosen Spekulation anheimzugeben – wie sie es mit allen unseren Werken täte, wenn wir sie ihr überließen oder, nach einem allgemeinen Exitus, überlassen müßten.

Immerhin: Auf der Strecke zu dieser niemandem gewidmeten Stelle zeigt sich die Flora dem Fußgänger geneigt; sie sprießt zu einer seltsam einseitigen Allee auf. Jeder Baum in dieser schnurgeraden Reihe hat einen einzelnen Ast überdimensional entwickelt und wölbt diesen nun schirmend über alle hier erscheinenden Häupter. Ein Phänomen, das man als Selbstverständlichkeit hinnimmt.

Wer aber nicht wandern will, der fahre bis Undeloh, der »Hauptstadt« des Schutzgebietes, wo er sich eine Kutsche mieten mag. Angeboten werden vier- bis zwanzigsitzige Kaleschen, der Preis ist tariflich festgelegt. Es geht äußerst gemächlich und gemütlich zu, sobald die Pferde – Geschöpfe, wie man sie früher vor Brauereiwagen sah – sich gutmütig in Bewegung gesetzt haben wie vor 100 oder vor 200 Jahren, als die Heide für Reisende nichts anderes war als ein verhaßtes Hindernis auf der Strecke zwischen Hannover und Hamburg. Der Wagen schwankt wie eine Nußschale auf hoher See, von Federung kann keine Rede sein, und hin und wieder sinkt die Geschwindigkeit zu der einer Schnecke ab, wenn die Fuhre eine ausgefahrene Sandkuhle durchquert.

Während der Kutscher oder die Kutscherin mit der Peitsche schnalzt, starren wir in die Umgebung, um unaufhörlich Reprisen wahrzunehmen: Wacholder in verschiedenen Standardgrößen, das rostfarbene Gras, Waldpartien, Bodenwellen, Sandwege, Radfahrer, Reiter, Wanderer aller Altersklassen, einige Krähen, kreisende Bussarde und Heidschnucken – jene Schafe, die längst nicht mehr Originale der ursprünglichen Rasse sind, sondern schwergewichtige Züchtungsexemplare.

Schon nach kurzer Fahrzeit hat man das Gefühl, bereits tagelang unterwegs zu sein, so bekannt kommt einem in kürzester Frist die Umgebung vor. Ist die Heide nun monoton und öde oder eine der Traumlandschaften dieses Planeten?

Die aus der Literatur geläufigen Ansichten darüber schwanken zwischen Widerwillen und Emphase. Mit unserem gewandelten, romantisierenden Naturverständnis ist der Widerwille geschwunden, die Begeisterung geblieben. Das liegt wohl nicht zuletzt daran, daß wir die Natur in das Streckbett unserer Ansprüche und Bequemlichkeiten gezwungen haben. Ihr Widerstand ist gebrochen. Sie stellt uns keine unüberwindlichen Hemmnisse oder lästige Widrigkeiten in den Weg.

Darum können wir es uns leisten, sie hie und da in ihrem überlieferten Zustand zu belassen: Freilichtmuseum, wie gesagt. Und auch die Heidebauern haben längst ihren anstrengenden Broterwerb eingestellt, pflanzen Gemüse nur noch für die eigene Küche und leben vom Tourismus, statt vom Bickbeerensammeln.

Unsere Anschauung von Natur als einem Erholungs- und Freizeitobjekt, als einem Element romantischen Empfindens, als einer Angelegenheit, die, jedenfalls für die überwiegende Mehrheit, welche in Städten haust, sportiven Zwecken dient oder auch nur der genießenden Betrachtung, diese Anschauung ist geschichtlich jung. Sie hub an, als wir uns durch unser technisches Ingenium von ihr zu »befreien« begannen, zumindest von ihren uns auferlegten Lasten.

Dann haben die Naturwissenschaften uns die Natur schließlich noch in physikalische und chemische Prozesse zerlegt, so daß von ihr nichts andres übrigblieb als ein Environment, in das sich diffuse, durch keinen Glauben mehr gebundene Gefühle projizieren ließen. Natur, und davon spricht und singt und sagt die Literatur der deutschen Romantik, wurde nicht mehr primär als Erzeugerin unseres Lebenserhaltes angesehen, sondern als Erzeugerin von Gefühlen. Zumindest bei denen, die sich nicht in ihr und mit ihr abmühen mußten.

Und noch ein anderer Umstand will mir auffällig scheinen: Daß wir Naturschutz gerade dort betrieben und betreiben, wo wir affektiv engagiert sind. Damit sollen die Leistungen all jener, die sich dem Naturschutz gewidmet haben und noch widmen, keineswegs geschmälert werden. Vermögende Leute – und das trifft insbesondere in puncto Lüneburger Heide zu – haben viel Geld aufgebracht, um solche Restbestände wie eben die Heide vor der Zersiedlung und Ausnutzung zu retten. Aber nicht zu vergessen ist ebenfalls, daß Naturschutz immer schon seine ideologischen Komponenten hatte; die »Unio mystica« von Heide und Hermann Löns zeigte nationalistische Züge, das ist unleugbar.

Über den psychologischen Aspekt unseres Verhältnisses zu jener bewahrten, ständig schwerer zu bewahrenden Restnatur lesen wir nirgendwo eine Zeile. Reiseführer, sobald sie sich vom Pfad exakter Beschreibung ihrer Gegenstände entfernen, verfallen in schlechten Lyrismus und in einen nahezu hymnischen Ton: »So gesehen, ist die Lüneburger Heide eines der letzten Paradiese in unserer Region. Bereit für den

Gast, der die Natur liebt. Und was ihn hier sonst noch erwartet, daß er sich wohlfühlen und die ersehnte Erholung finden kann, daß es viel Sehenswertes und Liebenswertes gibt, wollen wir nur auf ›fröhlicher Heidefahrt‹ rundum und kreuz und quer durch das wunderschöne Land aufzeigen. Dann wird er die Heide kennen- und vielleicht liebenlernen.«

Dreimal wird in wenigen Sätzen das Wort Liebe beschworen, und das muß unseren Verdacht erregen. Denn damit wird eine Erwartung inauguriert, eine Leistung verlangt, die, wer einen Tag oder auch nur Stunden durch die Gegend marschiert, womöglich gar nicht erbringen kann – und dieses Versagen dann wahrscheinlich sich selbst anlastet. Es wird eine unbillige Forderung erhoben, die das Empfinden zur Unfreiheit verurteilt. Wehe, du liebst diese Landschaft nicht! Wer sie nicht liebt, ist kein wahrer Naturfreund! Freundliche Worte kehren den alten autoritären Zwang heraus, daß jeder zu fühlen habe, was in solcher Situation und angesichts von Landschaft zu fühlen als erforderlich gilt.

Wie beneidenswert unsere Vorläufer, wie frei im Verhältnis zu der gegebenen Welt, welche noch nicht zur emotional verseuchten Umwelt erniedrigt worden war! Insofern ist die Lüneburger Heide immer noch ein Ort dubioser Kommunion mit einer Natura naturans, die doch längst eine Natura artificialis ist.

Ein Erbstück – so etwas Ähnliches ist die Heide fürwahr, und je vielseitiger unsere Anschauung von ihr, desto mehr und desto enger würde sie uns als das zu eigen, was wir mit einem häufig mißbrauchten Wort »Heimat« nennen. Erst die Summe vielfältiger und besonderer Landschaften in ihren Entwicklungsprozessen ergibt jenen natürlichen Raum, den man als sein zweites, erweitertes Zuhause verspürt.

So bedeutet Naturschutz, Naturerhaltung auch Schutz und Erhaltung unserer seelischen Fähigkeiten, sich größeren Dimensionen innig zu verbinden. Das erlaubt uns beispielsweise die Lüneburger Heide, das erlauben uns mit ihr 1849 andere Naturschutzgebiete hierzulande; eine gewaltige Zahl, wie es scheint, aber sie täuscht, denn sie umschließt nur 246000 Hektar, und das ist nicht einmal ein einziges Prozent der Gesamtfläche der Bundesrepublik.

Kein ganzes Hundertstel und doch zugleich von einer enormen Wichtigkeit für unser Verhältnis zu Deutschland, von dem wir ja ein Bild in uns tragen, das sehr stark von diesem knappen Hundertstel geprägt ist – ein falsches Bild vielleicht, ein idealisierendes, das einer geschickten Fotografie gleicht, die uns eine romantische Ansicht zeigt, weil links und rechts die störenden Müllberge, Großcontainer, Hochspannungsleitungen, Kraftwerke, Eisenhütten, Supermärkte, Hotels und Apartmentburgen fein säuberlich mit der Schere abgeschnitten worden sind.

Unter Reliquien und Relikten

Wer sich in den Sachsenwald begibt, der sollte auf einiges gefaßt sein. Dieser Hinweis bezieht sich jedoch keineswegs auf den Wald »als solchen«; er, der seinen Namen von der älteren Bezeichnung »Wald der sächsischen Herzöge« ableitet, bietet kaum Anlaß für eine kritische Betrachtungsweise. Im Zentrum dieses größten zusammenhängenden Waldgebietes in Schleswig-Holstein wird der Besucher, wie einst Hänsel und Gretel im finsteren Forst an das Hexenhaus, in eine Exhibition nebst dem dazugehörigen Publikum geraten, welche ihm insgesamt märchenhaft vorkommen muß. Die Rede ist von Friedrichsruh, wo Bismarck seine Unruhestätte hat. Denn Bismarck liegt nicht nur so einfach da oder gar, wie unser guter Theodor Fontane auf einer leider unübersehbaren Holztafel behauptet: »Bismarck liegt hier *irgendwo*...« – der Fürst hält noch im Tode hof. Er ist ja bereits zu Lebzeiten als Einiger des Deutschen Reiches zum Symbol für eben diese Einheit geworden.

In der Gruft als zusätzliches Beiwerk neben Bismarcks Grab: die Schleifen von längst verrotteten Kränzen. Institutionen, Politiker, Verehrer rufen dem »Eisernen Kanzler« etwas Devotes hinterdrein. Insbesondere der deutsche Hochadel hat hier seine »Schleif«spuren hinterlassen. Und der Tote ahnt zu seinem Seelenfrieden nicht, daß in einer Ecke Peter Boenisch baumelt und in einer anderen Annemarie Renger.

Ob das die späte Rache einer Sozialdemokratin am Initiator des »Sozialistengesetzes« sein soll oder ein verspäteter Dank für das Verbot der SPD, das die Partei erst so recht zusammengeschmiedet hat, bleibt der Deutung des Beschauers überlassen.

Gegenüber der Gruft und ebenfalls dermaßen symbolträchtig wie alles im fürstlichen Einzugsbereich, *ragt* die

»Hirschgruppe« in die dunstig-feuchte Waldesluft. Der bronzene Vielender stolz emporgereckt, gestellt und verbellt von zwei Hunden; der linke, auf den Rücken gefallene Vierbeiner hat seine beiden bronzenen Ohren an einen Souvenirjäger verloren, und das »Kunstwerk« soll wohl allegorisch andeuten, daß selbst der Mächtigste der Hetzjagd zu erliegen pflegt. Ob noch irgendwer den diskreten Hinweis auf den Sturz des Kanzlers versteht, ist fraglich.

Im Bismarck-Museum selbst wird weniger politische Aufklärung getrieben als vielmehr die Gelegenheit geboten, sich einer vergangenen geschichtlichen Größe hinzugeben, die durch die ausgestellten Objekte wie durch entlarvende Indizien in ihrer Fragwürdigkeit deutlich wird. Was da unter Glas aufgebahrt ist, erscheint reliquienartig: Ein wunderliches Sammelsurium von Kunstgewerbeprodukten bietet sich dar. Eingestimmt durch die »Beckersche Standuhr« im Eingangsraum, ein holzgeschnitztes Monstrum ohne jede klare Linie und Fläche, wundert man sich über den nachfolgenden Kram kaum noch: Ehrengaben und Geschenke, Mappen und Rollen für Ehrenbürgerbriefe und Dankadressen, alles prunkvoll überladen und protzig, Beweisstücke einer Maß- und Geschmacklosigkeit, von der anzunehmen ist, sie sei der »künstlerische« Ausdruck der Gründerzeit-Politik. Ob es der »Amboß mit verzierten Werkzeugen« (dem »Schmied der Einheit« zugedacht) ist, ob der vom »Bund der Landwirte« überreichte »Silberne Ehrenschild«, alles ist aufs Imponieren angelegt. Nirgendwo vordem ist mir derart eindringlich der barbarische Zug dieser verspäteten Nation aufgefallen, wie anhand dieses teuren Trödels. Dazwischen entdeckt der Adorant reifen, meist überreifen Alters, individuelle Besitztümer des Fürsten: Sein Unterhemd, säuberlich gestopft das Kugelloch vom letzten Attentat. Auch Handschuhe mit verblichenen Blutresten zeigen, daß politisch inspirierter Terror keine Erfindung unserer Epoche ist, sondern schon in der guten, alten Zeit praktiziert wurde. Zum Schluß ein Blick in das originalgetreu aufgebaute Arbeitszimmer des Kanzlers: Etwas möblierter Zeitgeist findet sich, wenig aufwendig, wenig persönlich. Abgesehen von den Familienfotografien und Porträts, so hätte auch Bismarcks Gutsverwalter wohnen können, ganz unvergleichbar dem repräsentativen Aufwand späterer deutscher Machthaber und Administratoren.

Das Bismarck-Museum zieht die (nicht zu besichtigende) Bismarck-Quelle, eine Selterswasserfabrik, nach sich, gefolgt von Bismarckturm, Bismarcksäule, Bismarckgedächtniskirche: Unwiderstehliche Anziehungspunkte für »national Gesonnene«, auf welche man gerade an einem Tage wie diesem (17.6) hier stößt. In grünen Fantasieuniformen, um die Bäuche Schärpengürtel, bedeckt mit Blickfangschnüren, Orden, Abzeichen, jeder ein Operettengeneral oder Luxushotel-Portier, so ziehen die Kyffhäusler zwischen den »Heiligtümern« umher. Eine andere, gleichgesinnte Sorte gibt sich ziviler, trägt insgesamt graues Jackett, schwarze Hose und Schlips, und alle, fast alle trifft man wieder – natürlich im Bismarckrestaurant, wo sie eine lange Schlange bilden, jeder einen Plastiknapf in der Hand, um am Schlangenkopf denselben mit einem Schlag Suppe gefüllt zu bekommen. Ist das eine sentimentale Gulaschkanonen-Reminiszenz an bessere, nämlich kriegerischere Tage vor Verdun und Maubeuge? Oder: Stalingrad? Auf einem Nebentisch ein Stapel Bismarckporträtreliefs: In echt bronzenem Gips 65,– DM, 108,– DM für das gleiche, aber in einem Material, welches vermutlich Ewigkeiten überdauert. Inmitten solchen seltsamen Happenings steht der aufgeklärte Zeitgenosse und denkt nur immer wieder an Tucholsky: Deutsch bleibt deutsch, da helfen keine Pillen!

Was Wunder, daß nach soviel Bismarckigkeit der Normalmensch sich endlich Friedlichkeit und Stille ersehnt. Die fände er wohl leicht auf dem Waldfriedhof in Aumühle, dem zweiten Sachsenwaldort. An dieser Stelle hat man den Wald sorglich gelichtet, alte Bäume unberührt erhalten und dazwischen Gräber angelegt, meist durch Natursteine oder zumindest doch unauffälligere Gedenksteine markiert. Taxus ist mächtig in die Höhe gestiegen, Rhododendron aufgewuchert, und wenn nicht die Grundvoraussetzung der eigene Tod wäre, so möchte man hier begraben sein und bleiben. Aumühle heißt der Ort, weil am Zusammenfluß von Au und Bille die alte Aumühle steht, welche – wie könnte es anders sein – inzwischen durch Bismarcks Namen den übrigen Weihestätten zugeschlagen wurde. Den angrenzenden Mühlenteich inspizierend, hält man lange nach dem angekündigten Deutsch-Ostafrika-Denkmal Ausschau, bis man es ziemlich abseits aufstöbert, fast versteckt, was auf eine berechtigte Scham hinweist. Es vereint drei überdimensionale Figuren in den entsprechenden Posen. Der weiße Schutztruppler dominiert und zeigt mit ausgestrecktem Arm dem Askari neben sich die Zukunft, welche, von ihm unbemerkt, längst eingetreten ist und seine imperiale Geste widerlegt hat. Zu seiner Linken hockt ein noch unzivilisierter Neger, halb abgewandt und offenkundig schon skeptisch, was das koloniale Unternehmen angeht. Die Staffelung und die »Körpersprache« der drei in dieser Landschaft fremd wirkenden steinernen Gäste spricht für sich. Und zugleich von einem Herrschaftsanspruch, an dem der Verstorbene drüben in seiner Gruft nicht ganz unbeteiligt war.

Doch: Der Mühlenteich bietet mehr, nämlich den exakten Gegensatz von versteinerter Geschichte. An seinem Ufer und sich von Gasthaus und Parkplatz entfernend, bewahrheitet sich das Versprechen des Reiseführers, im Sachsenwalde warte noch unberührte Natur auf Entdeckung. Und wie immer, wenn man der Ausflügler los und ledig wird und in die Einsamkeit gerät, verändert sich rasch das Bild der Vegetation. Plötzlich wächst Schilf am Ufer, treten die Erlen hinaus ins brakige, unbewegliche, angenehm nach Fäulnis riechende Gewässer, wird der Boden schwarz und schlammig, verliert sich die Grenze zwischen den Elementen in einem moorigen Zwischenzustand. Umgestürzte starke Stämme haben ihre Kronen in der Nässe und dem wildsprießenden Uferbewuchs vergraben, ertrunkene Giganten, deren Auflösung Jahrzehnte beanspruchen dürfte (falls nicht eine Waldreinigungskommission für Abtransport sorgt).

Den zum Wanderer verwandelten Spaziergänger begleitet eine Bruchlandschaft, wie er ihrer kaum noch irgendwo ansichtig werden kann, urweltlich, an endlos ferne Vergangenheit gemahnend, da im grünen Chaos das Numinose hauste, der im Schlamm schlummernde Nöck, Wassergeister, zauberische Wesen, die den Einsamen in ihren Sumpf lockten, damit man ihn zweitausend Jahre später als ausstellenswerte Moorleiche wiederfände. Merkwürdig: Kaum zieht der Mensch von einem Flecken der Natur seine Hand zurück und überläßt sie sich selber, gewinnt sie eine Gestalt zurück, die uns nicht ganz geheuer vorkommen will. Sie macht eine ungewohnte, ungewöhnliche Miene und wirkt dadurch geheimnisvoll, undurchsichtig, als verberge sie andauernd etwas vor uns, das wir uns nicht so recht zu erklären vermögen. Ihr gelingt, was der inflationierte Begriff »Biotop« in seiner Abstraktheit nie bewerkstelligt: unsere Fantasie anzuregen. Als belebten nicht bloß Insekten und Wasservögel diese Randzone; als existierten in solcher Wildnis, geschützt vor allen zivilisatorischen »Segnungen« und bisher gut versteckt, anachronistische Geschöpfe, etwas wie lebende menschliche Fossilien, deren Anwesenheitsspuren wir zu ihrem Glück nicht mehr zu lesen verstehen.

In diesem allumfassenden Schweigen eines Sommernachmittags erwartet man, daß das Schilf auseinanderschlägt, ein Einbaum sich raschelnd ans Ufer schiebt, damit unsere Vorgeborenen wieder Wirklichkeit werden. Einst lagerten ihre Gebeine in den »Riesenbetten«, an denen die aktuelle Autostraße verläuft: Ganggräber, von denen nur eines noch durch eine mächtige Granitplatte beschirmt wird: Trotz des kaum noch erkennbaren Zweckes eindrücklicher als jeder Walfahrtsort irgendeiner Ideologie. »Die 36 bzw. 38 m langen Steingräber lassen noch die ehemalige Grabkammer und die langen Steinreihen erkennen: Sprengriller an den Steinen zeigen die beabsichtigte Zerstörung an. Ein drittes Steingrab wurde bei der Anlegung des Zugangsweges beseitigt. Das Alter der Gräber kann auf rund 4000 Jahre angenommen werden.« Die zu Staub Gewordenen waren, wie man erfährt, Waldbauern, die in Gruppen oder Horden auf verstreuten Höfen saßen. Daß der Sachsenwald über derart lange Zeiträume bewahrt worden ist und immer noch den umfangreichen Kernbestand aufweist, verdanken wir jenen Vorfahren, deren Umgang mit der Natur einer Idealvorstellung der »Grünen« entspricht.

»Trotz der für damalige Verhältnisse relativ hohen Besiedlungsdichte haben sich die Menschen jener Zeit harmonisch in das Waldland eingefügt, nicht aber wie in anderen zu der Zeit existierenden Kulturen (z.B. in Südeuropa oder Nordafrika) den Wald und in seinem Gefolge das fruchtbare Land vernichtet. Die bäuerliche Kultur jener Zeit in unserem Raum war also keine rein landwirtschaftliche, sondern eine Waldbauernkultur.« Wer dächte da nicht an eine Art Indianerdasein, das, den Naturgegebenheiten unterworfen, diese Unterwerfung akzeptierte: Als einzig denkbare Lebensbedingung.

Mancherorts ist jedoch der Wald bereits durch Felder gelichtet. Stapft man an einem der Raine entlang, wenn möglich an einer aufsteigenden Fläche, schaut man weit über das mäßig gewellte Land hin, das mit unterschiedlichem Bewuchs bedeckt ist. Wald und Waldgruppen wechseln mit Äckern, über die Wipfel lugen Türme, Schornsteine, selten die Dächer. Die Zersiedlung ist gering. Sobald man danach aufs neue in den Wald eintaucht, stellt sich die schöne Verlassenheit wieder her, ein Alleinsein, für die den Dauerbetrieb gewohnten Städter fast beängstigend. Wir sind solcher

Urtümlichkeit (eine Fiktion, ich weiß!) längst entwöhnt, und obschon wir wissen, wir seien von künftigen Festmetern umgeben, können wir uns dennoch nicht der Magie der himmelhohen Bäume entziehen. Gerade im Sachsenwald begegnet man Exemplaren, die den Sagen unserer Kindheit zu entstammen scheinen, verhexte Riesen, majestätisch und beinahe unwirklich durch ihre Altertümlichkeit: Epochenzeugen, von denen man befürchten muß, sie wären die letzten, noch ausharrenden, und daß nach ihnen wohl nichts Nennenswertes mehr kommt außer Buschwerk und Gesträuch.

Selbstverständlich hat uns die Erde sofort wieder, sobald wir feststellen müssen, daß uns kein markierter Pfad in die Zivilisation zurückführt, und es außerdem längst Kaffeezeit ist. Umkehren, Galopp, Richtung 20. Jahrhundert. Im Mysterium zu wandeln hat sein zeitliches Limit. Und ein Ausflugstag hat seine festen Riten, verinnerlichte, vermutlich im Verdauungstrakt angesiedelte, von denen wir (und zahllose andere) getrieben werden, just zu dieser Stunde irgendwo einzukehren, und das dem Augenblick Gemäße zu verzehren: Kaffee und Kuchen.

Für diesmal handelt es sich um einen winzigen Weiler mit dem spanisch klingenden und unglaublich übertreibenden Namen *Grande*. Die alte Kornmühle dortselbst, schier siebenhundert Jahre alt, mahlt zwar nicht mehr, nährt aber dennoch ihren Besitzer (und seine zahlenden Gäste). Fachwerk, Holzbalken, alles schief und krumm, eingesunken das tief herabgezogene Dach, die untere Begrenzung, der Traufenrand eine nahezu bogenförmige Wölbung. Das Mühlrad, das vordem am rauschenden Bach klapperte, ist abmontiert und befindet sich offenkundig in Reparatur. Hier und da zeigen sich erneuerte Bohlen und Kanthölzer an dem verwunschenen Gehäuse.

Dahinter an einem Gestell ausgespannte frische »Dekken«, Felle von Rehen mit Ein- und Ausschußlöchern, dazu abgehackte Läufe, aus denen eines Tages vielleicht Jagdmessergriffe werden. Zeitstillstand, trotz automobilistischer Moderne rundum. Und nirgendwo sonst und seit einem undenklichen Gestern zum ersten Male: Eine aufflackernde Wehmut beim Blick von der kleinen Brücke über dem funktionslosen Sperrwerk, weil er nichts anderes erkennt als das unwiederbringlich Gewesene wie in einem Guckkasten. Die Ränder des Flüßchens sind weder begradigt noch abgestützt, vielmehr in ihrem Urzustand belassen. Die Vegetation zieht sich bis zum Wasserspiegel hinunter, Birken steigen in einem obskuren Bogen aus der Uferschräge herauf, Erlen kühlen ihre Wurzelfüße, und in einem strudelfreien Winkel unterhalb der seitlichen Brückstrebe blühen gelbe Seerosen vor sich hin. Es ist das Gemäldehafte an diesem Anblick, was den Betrachter ergreift. Der gesamte Kitsch zahlloser trivialer Malereien, Natur für das Wohnzimmer aufbereitend, konzentriert sich an dieser einen Stelle und hört auf, Kitsch zu sein. Als habe uns eine Zeitmaschine an diesem Punkt abgesetzt, und wir dürften noch einmal die Welt, oder, bescheidener, unser Land sehen, wie es vor hundert, vor zweihundert Jahren gewesen ist: Lieblich nämlich, friedlich und ein Entzücken selbst den Besitzlosen und ein Trost im Hinblick auf unsere Sterblichkeit.

So stehen wir auf dem Brückchen und können, nein, wollen uns nicht lösen. Wollen nur, daß dieser Moment verweile. Aber bald genug treibt die obligatorische Plastikflasche vorüber, und wir wissen es wieder: Wir haben, im Gegensatz zu den Metamorphosen der Märchen, Gold in Dreck verwandelt, sind Hänse im Unglück, weil jeder Tausch uns ärmer gemacht hat, und trösten uns mit einer vorzüglichen Erdbeertorte darüber hinweg, mit einem Kännchen Kaffee, mit einem doppelten Kognak, mit einem bequemen Platz zwischen anderen Gästen, die wie wir in den Sachsenwald gefahren sind, um der Natur rindennah zu sein, und doch im Voyeurismus steckenblieben.

Und während eine freundliche Kellnerin kassiert, wir aufstehen und in den sacht einsetzenden Regen hinausgehen, fragen wir uns, wer wohl länger Bestand haben wird: Wir, die Menschen, oder er, der Wald und seine Bäume. Und man ist sich auf einmal nicht ganz sicher, wem von beiden man mehr Durchhaltevermögen wünschen soll.

Im Menschen-Zoo

Ein unabweisliches Kennzeichen kommenden Unterganges besteht darin, daß das zum Verschwinden Verurteilte zum Gegenstand der Literatur wird, der liebevollen, gar nostalgischen Dokumentation: Genau das ist St. Pauli und dem, was es als Begriff umschließt, geschehen. Indiz: eine Reihe von Büchern und Bildbänden, die ihr Thema behandeln, als sei es bereits ein Stück Vergangenheit – eine Vergangenheit jedoch, die nicht so weit zurückliegt wie jene, in der ich St. Pauli wiederzuerkennen meine wie in einem fernen Spiegel.

Keines der gängigen Klischees dient dem Verständnis dieser Miniatur-Ghettos, am allerwenigsten das von der »sündigsten Meile der Welt«. Aber mit den Klischees wird das Geschäft gemacht. Wer an einem langen Wochenende die »Große Freiheit« aufsucht, wird staunen: Busse über Busse, aus denen sich Besucherhorden – um es mit einem unpassend-passenden Ausdruck zu sagen – *ergießen:* Provinzonkel, Provinztanten, die Kleinbürgerschaft der Bundesrepublik, die unter dem grell-bunten Neonlicht eine offenkundige Verwandlung erfährt.

Gesichter, von gierigem Interesse gezeichnet, die Stimmung ist ungewöhnlich gehoben, die Stimmen sind lauter als sonst: eine Mischung aus Überheblichkeit und Ängstlichkeit. Man ist gewillt, die Prostituierten, Stadtstreicher, Heilsarmisten, Transvestiten, Homosexuellen als Mittel zur Steigerung des eigenen Selbstwertgefühls zu mißbrauchen. Denn das ist das geheime Motiv, das sie hertreibt: Die verdrängte Lust außerhalb seiner selbst und verfremdet und darum gefahrlos zu genießen: Borniertheit als Selbstschutz. So gerüstet, strömen die Massen in den »Menschenzoo«, der, anders als Hagenbeck, einem nicht nur als »exotisch« mißzuverstehende Geschöpfe vorführt, sondern der, weil es an Gittern und Gräben mangelt, einem auch ein angenehmes

Gruseln bereitet. Man darf in jedem Passanten einen Zuhälter vermuten, einen »Schweren Jungen« – eine der Illusionen, die St. Paulis Anziehungskraft bewirken. Davon hat man ja in den Zeitungen gelesen: Zuhälterkriege, Schießereien wie im Wilden Westen, Mädchenhandel – das grundiert die Emotionen der Besucher.

Kein St.-Pauli-Trip ohne Durchquerung der Herbertstraße, jener Gasse mit bonbonfarbenen, puppenhaften Häuschen, in deren Auslagen menschliche Puppen auf alsbaldigen Gebrauch warten. Kein »Sündenbabel«, eher eine Kaufhaus-Atmosphäre; die Verkäuferinnen ihrer selbst in Mini-Monturen mit sexueller Signalwirkung vermitteln den Eindruck, auch hier sei der Kunde König.

Trotz eifrigen Suchens sind die erwarteten Ungeheuerlichkeiten nicht zu entdecken. Und eine der wenigen erkennbaren Perversitäten ist im Schaukasten einer Bar die Getränkekarte, auf der eine Flasche Whisky für 780 Mark (im Samtbeutel) angeboten wird, wobei – und in diesem Umstand liegt die Perversität – direkt nebenan im Schnapsladen die gleiche Flasche (im Samtbeutel) einen Bruchteil jenes Preises kostet. Wer den bezahlt, beweist die Sozio-Pathologie seiner Psyche, ein krankhaftes Minderwertigkeitsgefühl, das von keiner Triebabweichung übertroffen wird.

Der Konsumismus-Eindruck der Herbertstraße wird dann doch widerlegt durch einen lärmenden und wild gestikulierenden Schlägertyp vor dem schmalen Durchlaß zwischen den Straßensperren mit dem schriftlichen Durchgangsverbot für Jugendliche und für Frauen, der gewalttätig und hemmungslos neugierige Passantinnen wegstößt: Plötzlich wird klar, daß hier die Gewalt vorherrscht. Er schreit über die Straße hinweg, man wolle sich nicht das Geschäft verderben lassen, und das ist ja wohl die Hauptsache in diesem bunten Liebessupermarkt.

Liebe, oder was man so nennt, zeigt auch andere Erscheinungsweisen: Direkt gegenüber der berühmten Davidswache lehnen ganz junge Mädchen an den Fassaden, ohne auffforderndes Make-up, ohne entsprechende »Berufskleidung«: Sie sehen so aus, daß man sie alle fragen möchte, ob sie heute schon ihre Schularbeiten gemacht hätten. Kehrt man nach Stunden und schon tief in der Nacht dorthin zurück, vergeht einem solch Fragen: Noch immer stehen sie an ihrem Platz, fast unbeweglich, als seien sie auf dem Pflaster angewurzelt. Die glimmende Zigarette, die sie hin und wieder an die Lippen führen, ist das einzige Lebenszeichen. Jede ein Porträt gestaltgewordener Tristesse, die ihre Pendants in den Peep-Shows und Sex-Theatern vorweist.

Wer morgens um drei Uhr eine der Kabinen betritt, in der sich nicht allein Mark um Mark die Guckkastenklappe öffnet, sondern auch die Tür im Rücken des Voyeurs schließt, damit ihn niemand beim »Genuß« störe, der kommt sich selber vor wie auf dem Grund eines unbekannten Ozeans, wo nur noch die ganz einfachen Lebensformen existieren. Auf der Drehscheibe rekelt sich, merklich übermüdet und wenig einladend und auf einem von zu Hause mitgebrachten Handtuch eine Person, die sexuelle Erregung vorzutäuschen sucht. Ihre hoffnungslos gleichgültige Miene gibt das Scheinhafte ihrer Handarbeit zu erkennen. Gegenüber, hinter den anderen Tiefseeluken, auftauchende und verschwindende Männergesichter, den Blick auf das rotierende Geschöpf gerichtet, auf das sich eine Lust bezieht, die deprimierend wirkt.

Als Goldhamster im Laufrad einer mechanischen, entfremdeten Sexualität müßten diese Männer, vor deren Augen eine Wunschvorstellung sich trostlos realisiert, sich selber erkennen, wäre das nicht zuviel verlangt. Dazu ein Zitat aus Hans Eppendorfers »Szenen aus St. Pauli«: »Womöglich noch rascher zerstört wird St. Pauli durch die zunehmende Perfektion, Verapparatung, Technisierung im Vergnügungsgeschäft. Da drängt sich eine technische Kulisse vor, sie verdrängt die Vielfältigkeit und schiebt sich zwischen die Menschen, so daß immer weniger Bewohner von St. Pauli persönlich mit den Touristen, den Kunden, den Gästen zu tun haben.«

Das stimmt und stimmt doch wieder nicht, weil gerade die unübersteigbare Grenze, die Trennung von Kiezianern und Touristen Voraussetzung für das Amüsement letzterer ist. Was wäre, wenn wir mit jener fülligen Frau Bekanntschaft schlössen, die sich in einer der »Bumsvorführungen« dem Ernie aus der Sesamstraße hingibt, ein zotiges Kasperletheater, dem das Publikum juchzend folgt, und wenn sie sich aus einem erotischen Monstrum in einen normalen Menschen rückverwandeln würde? Oder jenes Pärchen, das als »Achill und die besiegte Trojanerin« unserer Kenntnis der »Ilias« so wenig entspricht – würde ihre Unterleibsgymnastik auf den Zuschauer noch die gleiche Wirkung ausüben, wenn er über das Verhältnis von Zuschauer und Akteur hinaus ein menschlich näheres zu ihnen hätte? Würde damit nicht der künstlich hergestellte Reiz sofort verschwinden?

Mir scheint, daß da inmitten all der täuschenden Aufbereitungen des kommerziellen Sexus jene Prostituierte, welche, weil ohne Zuhälter, stets eine geladene Pistole im Handtäschchen mit sich trägt, notfalls ihren Broterwerb und ihr Revier zu verteidigen, fast so etwas wie eine unheilige Johanna ist, die die Piratenflagge eines Freibeutertums hochhält, dem keine Zukunft mehr zugestanden wird. Ein Hauch von dem, was wir auf Hogarth-Stichen erblicken, atmet an solchen Plätzen wie St. Pauli seine Seele aus.

Nicht zu vergessen: Was an »kriminellen Energien« hier das Leben prägt und bestimmt, sind ja keine fehlgeleiteten Energien, sondern solche, die die direkten, den allgemeinen Regeln widersprechenden Mittel zu ihrer Durchsetzung vorziehen. Wahr ist, daß dort, wo sie auftreten, die gewohnte Entfremdung aufgehoben scheint. Das »wahre« Gesicht des Menschen wird sichtbar. Und das zeigt man hier ungeschminkt einander: Vielleicht ist auch das ein Element der besonderen »Lebensqualität« von St. Pauli, eine Quelle der geheimen Attraktivität, diese bedingte Gültigkeit bürgerlicher Normen. Denn die Bindung an dieses Konglomerat häßlicher, renovierungsdürftiger Häuser ist stark. Nicht zuletzt, weil es für jeden Abweichler vom gängigen Daseinsmuster – auch vom sexuellen – einen Freiplatz offenhält, einen Toleranzraum, in dem man nicht allein, vielmehr mit anderen Andersartigen gemeinsam sein Schicksal leichter tragen kann. Man geht auf dem Kiez mit den körperlichen wie seelischen Defekten, auch den eigenen, ungenierter um.

Die Reeperbahn verlassend, deren Name von den einst hier tätigen Seilern stammt, gerät man in den Seitenstraßen in eine Atmosphäre, in der Assoziationen zu geschichtlicher Frühzeit sich einstellen: Der Gestank von Urin und Unrat, auf dem Pflaster Kot, Dreck, Abfall im Rinnstein erinnern an Epochen, da man sowieso die körperlichen Ausscheidungen der Straße anvertraute. Auch der Anblick der »Nichtseßhaften«, der »Berber«, auf den verschmierten Stufen von Hauseingängen gemahnt an Breughelsche Gemälde. Diese aufgedunsenen, verwitterten, mißhandelten Physiognomien, Bartstoppeln, Zahnstummel, verfilztes Haar, der blinde, alkoholisierte Blick – alles Gesichter, wie sie die allgegenwärtige Uniformität unseres Aussehens sonst verdeckt.

Eine derartige Häufung der Zeichen von Leid und Krankheit, Zerstörung und Verlorensein trifft man wohl nur hier an. Und auch diese Spuren der Verwüstung, wie man sie eigentlich nur bei den Stadtstreichern sieht, Wundmale einer besonderen Rücksichtslosigkeit gegenüber der eigenen Person, entsprechen nicht einem Heute, das sich um seine Gesundheit, sein Image, seine hygienisch-sterile Erscheinungsweise sorgt.

Mit fahrigen Gesten, heiser von Zigaretten und Schnaps, manifestiert sich, was als Bodensatz der Gesellschaft gilt. So erregt auch der Rettungswagen nur mäßige Aufmerksamkeit, der mitten in der Talstraße hält und zwischen den parkenden Autos die Durchfahrt versperrt. Zwei Weißbekittelte heben eine Trage hoch, auf der irgendwer liegt, das Gesicht nach unten und unerkennbar, die Füße zwischen den Griffen herabbaumelnd: ein alltäglicher Vorgang, und nur der vorbeikommende Fremde fragt sich noch, ob es sich da um eine Schnapsleiche oder eine tatsächliche handelt.

Aber solche Frage interessiert hier offensichtlich niemanden sonst. Doch wie vor Jahrhunderten sich die Kirche den Mühseligen und Beladenen mit besonderer Hingabe zuwandte, so agiert heute noch die Heilsarmee. Ihre Straßenmission mag kaum erfolgreich sein, aber die Glaubensintensität ihrer Mitglieder, die sich durch mehr als Worte, nämlich durch eine Praxis beweist, die Hemmungen, Ekel, Vorurteile zu überwinden hat, schafft für die traurigen Gestalten etwas wie eine kurzfristige Geborgenheit.

Wenn die Heilsarmisten mit Banner und Musikinstrumenten, Lautsprecheranlage und Gesangbüchern ihre Festung in der Talstraße verlassen, dann fühlen sie sich wohl wahrlich als kämpfende Truppe. Wo sie ihren Kreis bilden, singen und sich bekennen, bleiben immer Leute stehen, teils amüsiert, teils skeptisch, doch auch mit einem gewissen Ernst, den erstaunlicherweise gerade die Stadtstreicher zeigen. Manche müssen von Heilsarmisten gezügelt werden, da sie, torkelnd und undeutlich lallend, auf ihre Weise an der Lobpreisung Jesu teilnehmen wollen. Ob *Das Wort* sie erreicht, das ja an sie, auch an sie gerichtet ist, erscheint zweifelhaft. Eher beeindruckt sie wohl die Freundlichkeit der meist jungen Leute, die sich für diese mühevolle Form der Christlichkeit entschieden. »Das schwerste war, den Gestank der offenen Beine mancher dieser armen Männer zu ignorieren . . .«, erzählt eine fast jugendliche Heilsarmistin und drückt heiter ihr entgegengestreckte schmutzige Hände.

Warum engagieren sich eigentlich die jungen Männer und Mädchen in einer immerhin ziemlich aussichtslosen Nächstenliebe, die dem Ausschöpfen des Meeres mit einem Eßlöffel ähnelt? Sicherlich geht es nicht allein darum, die Seelen der anderen zu retten, sondern auch die eigene, sie vor der zeitgenössischen Auflösung zu bewahren. Später, nachdem die Heilsarmisten ihre Lieder gesungen, ihre autobiographischen Statements abgegeben und die Umstehenden zu Kaffee und Tee in ihr Haus eingeladen haben, sitzen sie an kleinen Tischen bei Kerzenschein mit eben jenen zusammen, die ihnen schwankend folgten, stumm ihnen lauschten. Nun zeigen diese eine unerwartete Kindlichkeit: Sie singen die höchst einfachen Lieder mit, klatschen im Takt in die Hände, und falls sie nicht gerade zwischendurch trunken spektakeln, folgen sie hingegeben den frommen Sketchen und kurzen Spielszenen, in denen der sehr persönliche »Weg zu Jesus« durch das Beispiel des Erweckten eine umfassende Verbindlichkeit beweisen soll. Freilich: Wesentlicher ist die kurzfristige Geborgenheit, die Illusion des Aufgehobenseins für den immer viel zu knappen Augenblick.

Unheiligere Stätten der Kommunikation und der Selbstvergessenheit: »Zillertal« und »Café Keese« – erstere ein bayrisch ausstaffierter Bierpalast, wo morgens um halb vier die Kellnerinnen Schlafwandlern gleichen und wo der Bewußtlosigkeit nahe Jugendliche auf gescheuerten Tischplatten stehend die Arme schwenken und mit Gesang die Trachtenkapelle begleiten. Um die Gemütlichkeit und Originalität zu steigern, erwirbt man bei einer ambulanten Händlerin einen knallroten Tirolerhut, leert seine »Maß« und fühlt sich wegversetzt – nicht nur aus dem Kiez, sondern aus der Öde des Alltags, der bereits wieder heraufdämmert. Jeder schließt mit jedem Bekanntschaft, vorausgesetzt, der innere Bierpegel ist hoch genug. Unter Dunstschwaden, im Instrumentenlärm gesteht man einander seine Vita: Es ist immer die gleiche alte Geschichte, und wer sie hört, so meinte ein heute bronzener Hamburger namens Heinrich Heine, dem breche das Herz entzwei.

An entzweigebrochenen Herzen herrscht auf St. Pauli bestimmt kein Mangel. Vorübergehend wird ein solcher Bruch im »Café Keese« gemildert, wo auf dezente Weise die Geschlechterrollen vertauscht sind und die Damen die Herren auffordern, zu den Klängen einer türkischen Band, die die gemütvollen Schlager der fünfziger Jahre abspielt, »Tanze mit mir in den Morgen«, und gerade das tut man auf der überfüllten Tanzfläche, während draußen die Straßen mehr und mehr veröden und sich ganz den kalten Neonleuchten überlassen.

Der Betrieb läuft nur noch auf Vierteltouren: Verlassenheit breitet sich aus. Dahintorkelnde, die sich ihrer Unterkunft nicht mehr erinnern oder gar keine haben, ziehen sich in Nischen zurück oder strecken neben den trichterförmigen Entrees der Fleischbeschaubuden den promillemüden Körper aus. Es kommt einem vor, als ruhe das ganze Stadtviertel auf einem Sumpf von Akohol und Sperma, eine Insel, keine einsame, eher eine der Einsamkeit, auf welcher der Preis für menschliche Gemeinsamkeit hoch ist: Unterwerfung unter die hier gültigen ungeschriebenen Gesetze, denn dem Maß an außerordentlicher Freiheit für die individuelle Eigenart, für das Laissez-faire gegenüber der so andersgearteten Lebensweise, entsprechen Verhaltensregeln, die zu mißachten kaum ratsam ist.

Die geheimen Herren des Bezirks herrschen wie Adlige im 13. Jahrhundert; in ihrem Einflußbereich sind sie Legislative und Exekutive zugleich. Und wie im historischen Einstmals das Faustrecht und die Blutfehde Selbstverständlichkeiten waren und nur unter dem Aspekt unserer Zivilisation kriminell erscheinen, so ist auch die Kriminalität in der anachronistischen Kiez-Welt etwas ganz Natürliches: Sie gilt weithin als ein Kavaliersdelikt.

Die St.Pauli-»Paten« besitzen ihre Gefolgschaft, ihre Klientel, ihre Abhängigen, über die sie autokratisch regieren, freilich auf eine absolut persönliche, barbarische, aber nicht entfremdete Weise. Wer ihre Luxusautos an den verdreckten Bordsteinen parken sieht, die Lamborghinis, Jaguars, Mercedes SLCs, die Indizien einer naiven Freude an der Selbstrepräsentation, der denkt unwillkürlich an die Prunk- und Verschwendungssucht der »Seigneurs«, der »Edelleute« jener ins Märchenhafte abgesunkenen Vergangenheit, und etwas von der Irrealität des Märchens hat diese Welt, diese Unterwelt, durch die unaufhaltsame Entwicklung ihrer Umgebung zur durchmechanisierten, durchorganisierten Unterhaltungsmaschinerie bekommen. Nur werden die Opfer und gefallenen Kämpen dieser zwergenhaften Hierarchien heute in den Illustrierten aufgebahrt und bestaunt, als handele es sich um eine moderne Variante der Nibelungen.

In einer Gegenwart, in der die vernunftsgemäße und zweckgerichtete Existenz als Triumph der Leere empfunden wird, wuchern aufs neue die Mythen. St. Pauli ist auf dem besten Wege, ein Mythos zu werden – unter anderem, weil es nur noch der Nachglanz eines jetzt schon als »alternativ« empfundenen Daseins ist. Das Leben im Kiez vor zwanzig, dreißig Jahren wird heute kolportiert wie die Erinnerung an ein verlorenes Paradies.

Endstation des nächtlichen ziellosen Umherstreifens, da das Auge und die Sinne müde geworden sind von der Masse Mitmensch, ist der noch dämmrige, aber schon von Händlern belebte Fischmarkt. Die Hafentreppe zum Kai hinabsteigen, wo die erstorbene Elbe zögernd dahinfließt. Jenseits des Flusses flackern die Sterne von Schweißgeräten auf halbfertigen Schiffsrümpfen, hier hingegen wird Trödel ausgebreitet, alter und neuer, gebrauchte Kleidung, defekte Haushaltsgeräte, Fische und Schalentiere, Bananen und Kartoffeln, Topfpflanzen und Kaninchen, T-Shirts und Wellensittiche, ein abstruses Gemisch.

Die Überlebenden der Nacht tappen unsicher und mit verquollenen Lidern zwischen den Ständen umher, bis sie zum Frühschoppen in der »Haifischbar« verschwinden, wo eine letzte Ahnung von Vorvorgestern die Gasträume wie Zigarettenqualm durchzieht. Ausgestopfte Amphibien hängen von der Decke, an den Wänden Negerschnitzereien, von längst zu Staub zerfallenen Matrosen aus Afrika mitgeschleppt und dann für ein paar Gläser in Zahlung genommen; vergilbende Fotografien, überalterte Reklamen, und ein blinder Ziehharmonikaspieler entlockt dem faltenreichen Balg die unsterbliche »La Paloma«.

Träte jetzt Hans Albers aus der Herrentoilette, man wäre wohl kaum überrascht. Auf, Matrosen, ohé! Selbst die Kneipenromantik wirkt wie eine künstlich belebte, nein, wiederbelebte Erinnerung, ohne daß die Wiederbelebung zur Gänze gelungen wäre, und während die noch eindeutig verschlafenen Gäste ihr Bier und ihren Kirsch kippen, füllt sich der Fischmarkt immer mehr. Die braven Hamburger kommen zum morgendlichen Einkaufsbummel: Auch das ein Stück St. Pauli, altehrwürdig und pompejanisch.

Den alten Aufnahmen kann man entnehmen, was bereits zerstört, abgerissen, planiert worden ist. Und man fürchtet, daß man beim nächsten St.-Pauli-Bummel wieder ein altes, brüchiges, charaktervolles Haus vermissen wird, wieder ein Überbleibsel gegenständlicher Historie weniger: Die Uhr läuft.

Eines künftigen Tages wird hier alles so aussehen wie heute schon das »Palais d'Amour«: Amüsierbunker, Freizeitanlage, Unterhaltungskasten. Die Melancholie der Kiezianer, sobald sie des ehemaligen St. Pauli gedenken, ist verständlich. Und wenn ein Wohnbezirk einen Spiritus loci hat, so besaß wohl dieser die Gestalt des in der alten Seemannsschnulze beschworenen Vogels. Und darum klingt der Titel eines anderen Buches über den Kiez so symbolträchtig und abschiednehmend: »Die weiße Taube flog für immer davon …«

Besuch bei Monsieur Mars

Am dichtesten ist das Gewimmel auf dem Marktplatz, auf dem die ganze Woche hindurch der Auftrieb des lackierten Blechs stattfindet: Eine Parklücke zu entdecken, bedeutet fast schon so etwas wie einen Lotteriegewinn. Die Menschenfluten strudeln durch die Seitenstraßen ab, umquirlen den Belfried und versickern in den Cafés, Andenken-Shops und Museen der »Kunststadt« Brügge, einem der europäischen Anziehungspunkte des hypertrophen Massentourismus.

Wie überall an solchen Stätten der Zusammenballung eines umfassend gewordenen nostalgischen Selbstinteresses, das der historischen Überbleibsel bedarf, um manifest zu werden, bestimmt der Bekanntheitsgrad des Reliktes die Anzahl der Interessenten. Das weniger Berühmte gerät somit ins Abseits und wird der Entdeckerfreude des Reisenden überlassen.

So weiß auch der »Illustrierte Führer« von einem der seltsamsten Museen, und das nicht allein Belgiens, sondern wohl ganz Europas, kaum etwas zu sagen. »Wir gelangen«, heißt es da nur lakonisch, »durch ein kurzes Stück der Langestraat zum Kreuztor, einem der mittelalterlichen Festungswerke des alten Brügge. Das Kreuztor hat einen besonderen Lokalcharakter und wurde im Anfang des 15. Jahrhunderts erbaut. Im Inneren befindet sich ein Museum, wo die Geschichte Belgiens und des ehemaligen Belgischen Kongo von 1830 bis 1945 übersichtlich dargestellt ist.«

Ein farbloser und nicht zutreffender Vermerk, der tatsächlich verschweigt, worum es sich in Wahrheit handelt, und das Ergebnis dieser eigentümlichen Diskretion besteht denn auch darin, daß Besucher eher zufällig und absichtslos in dieses Museum gelangen. Eigentlich nur derjenige, der die überlebenden Windmühlen auf dem Deich am Kanal außerhalb des Stadtkerns besichtigt, stößt auf die beiden massigen und plumpen Türme, auf deren gegenwärtigen Inhalt eine nicht sehr auffällige Tafel hinweist.

Kein Wunder, daß die Zahl der Besucher gering ist, möglicherweise sogar bei Null liegt, wie man nach dem Zustand der Austellung anzunehmen geneigt ist.

Unter dem steinernen Rundbogen zwischen den beiden besagten Türmen stehend, den Lastkähnen zuschauend, die von Schleppern vorbeigezogen werden, wären wir ohne das überraschende Erscheinen des alten, unrasierten Museumswärters kaum auf die Idee gekommen, in die wartende martialische Vergangenheit einzutreten. Aber er kam schon mit den Eintrittsbillets in der Hand auf uns zu, wie ein unausweichliches Schicksal, dem wir uns ohne Gegenwehr unterwarfen. Er, ein freundlicher Oger, die Dienstmütze mit den glänzenden Messingbuchstaben auf dem mächtigen Schädel, entsprach, wie sich gleich zeigen sollte, der Absonderlichkeit und Irrealität des Interieurs im Turminnern. Dann holte er aus seiner Manteltasche den Schlüssel zum Reich des Tötens und Getötetwerdens und schloß die Pforte auf und hinter uns wieder sorgfältig ab: Eine Gefangennahme, die man mit gemischten Gefühlen registrierte. Wir waren allein mit dieser zu den Ausstellungsobjekten höchst passenden Gestalt, deren Erklärungen, weil nur in ihrer eigenen Landessprache und noch dazu unartikuliert abgegeben, sich nicht enträtseln ließen. Ein hin und wieder eingestreutes, onomatopoetisches »Bum-Bum« machte jedoch klar, worum sich die unverständliche Rede drehte.

Im Parterre des Turms, den Aufständen und Gefechten und Freiheitskämpfen des Landes im frühen 19. Jahrhundert gewidmet, war noch nicht ganz abzusehen, was uns im oberen Stockwerk erwartete – obgleich bereits hier unten der Eindruck einer seit langem vernachlässigten Privatsammlung unabweislich wurde. Mir schien, als hätten die Dinge rund um uns seit ihrer Unterbringung in diesem Gewölbe auf neugierige und verständniswillige Betrachtung gewartet, und es war mir nicht nur, als würde ich dergleichen Merkwürdigkeiten vordem nie gesehen haben, sondern vielmehr, als böten sie sich in dieser Stunde, in diesem Moment zum ersten Male einem fremden Auge dar. Eine Gruft, die in Vergessenheit geraten ist und unversehens geöffnet wird, um durch die dabei ans Licht gebrachten Grabbeigaben den Nachgeborenen Rückschlüsse auf die Verblichenen zu gestatten. Und ganz genau das war der Effekt, den dieses »Kriegsmuseum« hervorrief.

Anhaltende Gleichgültigkeit hatte den Gespenstern Brügges die Örtlichkeit überlassen und ihnen Gelegenheit gegeben, die Ausstellungsstücke nach ihrem unbegreiflichen Willen zu ordnen und zu präsentieren.

Ehemalige Schaufensterpuppen, von häufig wechselnden Moden aus dem Zivilleben vertrieben, durften hier dem Vaterland weiterdienen. Auf ihre Kameraden sollten wir sogleich treffen, nachdem wir emporgestiegen waren, um durch eine Überfülle von Militaria (im weitesten Sinne) überwältigt zu werden. Als habe ein in Ruhestand geschickter Monsieur Mars aus Mangel an kriegerischer Betätigung einen Kramladen mit den Resten seines Berufes eröffnet – so jedenfalls das Aussehen der Räumlichkeiten, was schließlich den Dingen eine neue Dimension verlieh, nicht eine des ihnen doch so offenkundig verbundenen Schreckens, sondern sie verkehrten sich ins Gegenteil dessen, was sie faktisch bedeuteten. Kindlich und spielzeughaft und ohne die Assoziation von Lebensgefahr und Vernichtung lag und stand und hing herum, was der »Vater aller Dinge« zu seinen ureigenen Produkten rechnet.

Waffen und Kriegsgerät aller Art, meist aus dem Ersten Weltkrieg, ob original oder zum Modell verkleinert: Unserem Blick, archäologisch verengt und zugleich von den Bildern aktuelleren Grauens abgestumpft, gelang es nicht mehr, durch das überlieferte Tötungswerkzeug eine erloschene Wirklichkeit auferstehen zu lassen. Wir nahmen den Gegenstand bedingungslos gegenständlich: In seiner Altertümlichkeit und abgelösten Zurschaustellung verlor er seine ursprüngliche Zweckbeziehung und verwandelte sich in ein Objekt unserer Lust am Gewesenen, welche zutiefst eine Überlebenslust ist. Die Lebenden triumphieren stets über die Toten, deren Nachlaß nur immer von ihren scheinbar minderen Fertigkeiten zeugt, die unser Erhobensein, unser Erhabenheitsempfinden verursachen.

Da, wo das gesamte Kriegsgerät im verkleinerten Maßstab vor uns erscheint und zugleich durch fehlende Professionalität seiner Hersteller proportional ungenau ist, fast karikaturistisch wirkend, macht es wie gesagt, den Eindruck von Kinderspielzeug. Es scheint in dieser Größenordnung unbedrohlich, eben nicht zum Kriegführen bestimmt, vielmehr für ein So-Als-Ob, für eine unschuldige Vortäuschung von Auseinandersetzungen, aus denen die Plastiksoldaten immer wieder unversehrt heimkehren.

Über Schaukästen gebeugt, unter denen auf dem Steinfußboden die mehligen Spuren von Generationen friedlicher und fleißiger Holzwürmer sich ablagerten, durfte man Orden und Medaillen beschauen, Münzen und Patronen, Rangabzeichen und Epauletten, vergilbte Zeitungsausschnitte, Feldpostkarten, verblichene Fotografien, Sammelsurium einer vorgeblich »großen« Zeit – alles jedoch unter dem fleckigen Glas durch eine Reihe unmerklicher Erdbeben durcheinandergeraten, übereinandergeschoben und teilweise unkenntlich geworden. Die Hinterlassenschaft eines Verstorbenen, die ihren einstigen Wert für die heutigen Erben eingebüßt hat, weil dieser Wert kein anderer als ein ideeller gewesen ist.

Und immer wieder Modelle von Tanks, Geschützen, Kriegsschiffen, gebastelt von deutschen Kriegsgefangenen zwischen 1914 und 1918: Diese Miniaturisierungen taten das ihre, um die Abschottung des blutrünstigen Gestern gegen das Heute noch zu verstärken.

Märchen und Spiel: Schlüsselworte für das Dargebotene, und als auch im oberen Stockwerk noch der Herrscher über die Sammlung die Tür hinter uns abriegelte und uns verließ, undeutlich den Ausweg, den Ausgang vorschreibend, umgab uns die Abgeschiedenheit einer jener Höhlen, in denen die Kobolde ihre Schätze aufzubewahren pflegen, die bei Tageslicht meist in nichts zerfallen. In einem übertragenen Sinne traf dieser Umstand auch auf das Museum zu. Weil die ambivalente Amüsiertheit gegenüber all den Skurrilitäten nicht lange vorhalten würde angesichts einer Gegenwart, die, zwar weniger naiv und ungebrochen, immer noch oder schon wieder ihr Heil auf militärische Stärke gründet, unter Verleugnung aller früheren Erkenntnis, daß es sich dabei doch nur um Unheil handeln könne.

Da oben aber schritt man wie auf dem Trödelmarkt von Auslage zu Auslage, vom Kolonialkrieg zum Kontinentalkrieg, vom Schützengraben zum Luftangriff, vom Lazarett zum Heldengrab, von wunderbaren Elfenbeinplastiken und Ebenholzschnitzereien, Symbolen des Kongo, zu Aufrufen und Erlassen, den verbalen Begleiterscheinungen offizieller Verbrechen.

Selbst noch der Versuch einer Annäherung an das Kernprinzip des Krieges, nämlich die »Ausschaltung« der an ihm Beteiligten auf der jeweils anderen Seite, wirkte durch die verstaubten und verhüllten Figuren von Samaritern eher geisterhaft und komisch, als daß es die innerste Wahrheit, den Sinn solcher Greuel enthüllt hätte. Wie eine Schreckenskammer, nur ohne den »schönen« Schauder, ja, ohne überhaupt einen Schauder, zeigte sich in Wachsgestalt, wozu Menschen benutzt wurden und werden.

War nicht auch der Krieg früher besser? mußte man sich angesichts derartiger Attraktionen fragen; oder ist es ein eingeborener Wesenszug des Menschen, das überwundene Entsetzen im nachhinein durch Verzwergung und Verkleidung zu bewältigen?

Auf einer Fensterbank festgeschraubt oder vielmehr: nicht mehr festgeschraubt, da die bisher haltenden Schrauben schon verrottet waren, so daß man es leicht hätte mitgehen lassen können: Ein einzigartiges Erinnerungsstück, das man als Indiz für besagte Geisteshaltung zu nehmen geneigt ist. Es handelte sich um eine briefumschlaggroße Emailleplatte mit einem ovalen Glassturz in der Mitte, unter dem eine schwärzlich zerkrümelte Masse lag: Diese 300 Gramm Brot, besagte die umlaufende Inschrift in Französisch, sei die Tagesration der Pariser während der Belagerung von 1870–71 gewesen – was für ein Souvenir, sich überstandene Leiden zu vergegenwärtigen! Wohl keines, diese Leiden erneut nachvollziehbar zu machen, sondern nur eines, das das Dabeigewesensein dekorativ nachweist.

Solcher Verwandlung dient der ganze kriegerische Sperrmüll, dessen Anhäufung keine Ahnung von Schmerz und Tod vermittelt, nicht einmal vom psychischen Schmerz der Sinnlosigkeit, der sich hinterher bei Überlebenden einzustellen pflegt.

Die Instrumente einer spezifischen Folter, denen immer aufs neue Völker und Kontinente unterworfen wurden, lassen von sich aus nichts von ihren Wirkungen und Folgen verspüren.

Während die dem Zweiten Weltkrieg vorangegangenen Kriege auf jene grotesk erscheinende und doch nicht bis ins letzte definierbare Weise ihre Darstellung erfahren, nimmt der Zweite Weltkrieg einen relativ geringen Raum ein, obschon er doch keinem seiner Vorläufer in seiner alles durchdringenden Totalität glich. Aber vielleicht entzieht er sich gerade darum mehr als die anderen der naiven Verdinglichung. Der Gipfelpunkt des Terrors gar, mit dem die Völker überzogen wurden, die Maschinerie zur Auslöschung von Leben, widerstrebt absolut der Umwandlung in einen Antiquitäten-Laden: Das müssen auch die Verantwortlichen der Exhibition gemerkt haben, so daß sie sich in diesem Falle auf eine abstrakte Lösung zurückzogen: An der »Reichskriegsflagge« mit dem Hakenkreuz im Zentrum hängen Schilder mit den Namen der Konzentrationslager Sachsenhausen, Dachau, Oranienburg, Watten, Ravensbrück, Breendonk, Auschwitz, Buchenwald, Ellrich, Bochum und Beverloo: Namen, zu denen keinem Modellbauer etwas einfiele!

Am Ende der Visitation stiegen wir durch den zweiten Turm wieder in unsere Zeitgenossenschaft hinab und gelangten durch die Privatwohnung jenes selbst schon antiken Aufsehers hinaus: Er saß, noch immer die Dienstmütze auf dem Kopf, in seiner guten Stube, die beim Verlassen zu durchqueren jeden Besucher verblüffen muß, und genoß vor dem Fernseher einen ebenfalls ganz gestrigen Hollywood-Streifen und winkte uns zum Abschied gnädig mit der Hand aus seinem Sessel zu, wobei ein erstaunlich klar klingendes »Good bye« aus seinem Munde kam.

Hinter uns zurück blieb Staub, Holzmehl, verfärbter Stoff, zerfallende Dokumente, Eisen und Stahl in unterschiedlichen Formen, lauter Beiläufigkeiten des Eigentlichen, das selber im Unsichtbaren verharrte und sich nicht sehen ließ. Aus diesem und keinem anderen Grunde vermutlich hat es sich ständig wiederholt, weil die Erfahrung des Krieges (wie jede Erfahrung) durch keine noch so eindringliche Schilderung und Evokation faßbar wird. Was die menschliche Einbildungskraft übersteigt, birgt daher die Gefahr der Verwirklichung in sich. Und nur so wird begreiflich, daß nach der letzten Katastrophe von der nächsten gesprochen werden kann – weil sich die Abgründe geschlossen haben, die Gräber planiert sind und das Ereignis nichts weiter hinterlassen hat als ein paar Fahnen, ein paar Embleme und Objekte für die Sammelwut der Unbelehrten und Unbelehrbaren: Für uns also.

Rund um den Mont Ventoux

Der Wind wehte stark, als sei er verpflichtet, den Namen dieses Berges ständig zu bestätigen. Und just an diesem zweitausend Meter hohen Punkt in der Weite eines spätherbstlich durchsonnten Raumes, überspannt von starker Bläue, konnte ich mit einem Kollegen, der einst hier heraufgekraxelt war, ausrufen: »Den höchsten Berg dieser Gegend, den man nicht unverdientermaßen Ventosus, den Windingen, nennt, habe ich am heutigen Tage bestiegen!« Soweit Petrarca vor rund sechshundertfünfzig Jahren. Dennoch kommt es mir vor, als schließe sich zwischen uns die zeitliche Kluft, wenn er in seinem Bericht fortfährt, als bestimme er meine Gedanken:

»Zuerst stand ich, durch einen ungewohnten Hauch der Luft und einen ganz freien Rundblick bewegt, einem Betäubten gleich. (...) Die Alpen selber – eisstarrend und schneebedeckt – sie erschienen mir greifbar nahe ... Dann ergriff eine andere Überlegung Besitz von meinem Geist und brachte mich von der Betrachtung des Raumes auf die der Zeit ...« Da gibt es wohl manches zu betrachten. Denn inzwischen ist sie unter der Bezeichnung »Gegenwart« sogar hier oben in der geröllbedeckten Einöde angekommen. Nicht nur in Form einer Wetterstation, gekrönt von einer ragenden Röhre wie eine abschußbereite Rakete, sondern auf viel bedrohlichere Weise. Etwas unterhalb des Gipfels hat die Zeit Kuppeln gebildet, Halbkugeln von Radaranlagen, eingezäunt, unbetretbar für reisende Dichter. Im Berg selber ist die moderne Tötungstechnik versteckt.

Die Zeit, unsere Zeit, hat indessen das Gebiet rund um den Mont Ventoux und die Dörfer und Städte des Departements Vaucluse verändert. Hier mehr, da weniger, und mancherorts gar nicht. Mag sein, daß uns für jene Orte, wo kein Wandel stattgefunden zu haben scheint, nur die Vergleichsmöglichkeiten fehlen. Oder weil wir aus einem Wirklichkeit gewordenen Utopia kommen, wo Technik nahezu alles, der Mensch hingegen recht wenig bedeutet. Hier jedoch ziehen wir noch mit dem Markt von Stadt zu Stadt, von Apt nach L'Isle-sur-la-Sorgue, von Carpentras nach Cavaillon, denn Markt ist jeden Tag, nur stets in einem anderen Städtchen. Genauer gesagt: Jeden Tag wird irgendein anderer Ort zum Markt. Meist beginnt er schon weit vor dem Stadtzentrum, wuchert in Seitengassen und Gäßchen aus, verstreut überall einzelne Stände und nimmt sogar manchmal einen exotischen, doch zugleich ärmlichen Charakter an. Wie in L'Isle-sur-la-Sorgue, wo er sich am Kai des eiligen Flusses hinzieht, und von den Produkten provençalischer Herkunft ins Afrikanische übergeht. Immer mehr Schwarze flankieren den Damm, halten auf provisorischen Tischchen oder Gestellen Digitaluhren feil, nichts als Digitaluhren: Verkäufer von Zeit, die selber kaum mehr besitzen als diese.

Schaut man nur lange genug hin, wird das Heute durchsichtig und gibt den Blick frei auf viele Vergangenheiten. Kam nicht jenes junge Mädchen mit dem arabischen Aussehen, die dunklen Augen reglos auf den Boden gerichtet und hoffnungslos fünf Knollen Knoblauch auf einer brüchigen Kiste anbietend, aus der Historie dieses Landes, der Provence, in der einstmals Sarazenen als Eroberer auftauchten, um spurlos – oder eben doch nicht ganz spurlos – wieder zu verschwinden? Freilich: Der Akkordeonspieler vor dem Straßencafé in Apt ersetzt nur dürftig die Belustigungen mittelalterlicher Märkte. Wir sind disziplinierter geworden. Auch empfindlicher. So wird beispielsweise ein bestimmter Fisch seiner Häßlichkeit wegen nur ohne Kopf verkauft. Auch die Weingewinnung entspricht nicht mehr unseren romantischen Vorstellungen. Es fehlt an Erntehelfern, was immerhin zu einer neuen Art von Urlaub geführt hat: Städter fahren mit Wohnanhängern zur Weinernte, verdienen Geld beim Lesen, beziehen abgefüllten Rebensaft zu Niedrigpreisen und bewegen sich den ganzen Tag an der frischen Luft. Sie schlagen nicht nur zwei, sondern gleich drei Fliegen mit einer Klappe. Und die Traubenladungen rollen auf Lastwagen zur Kooperative, wo, nachdem der Zuckergehalt bestimmt worden ist, der wiederum den Preis bestimmt, die süßen Ladungen auf ewig laufende Bänder gekippt und in die Pressen transportiert werden.

Verfielen noch vor einigen Jahren die verlassenen Dörfer ringsum, so ist jetzt zwar nicht das Leben zurückgekehrt, wohl aber eine besondere Einwohnerschaft eingezogen, die aus den Ruinen ihre Sommerresidenzen gemacht hat. Gigondas, ehemals fast aufgegeben, ist stilgerecht restauriert worden, von Deutschen, Schweizern, Franzosen, internationalen Weintrinkern, da das Dorf im Herzen der Côte du Rhone für eine exquisite Rotweinmarke steht. Und in Vaison-la-Romaine, einer einstmals römischen Urbs, der keine Eternitas beschieden war und von der nur ein paar Trümmer übrigblieben, hat die Zeit, unsere Zeit, die Letztausgabe des romantisierenden Reiseführers widerlegt, der einen Besuch in der alten Oberstadt empfiehlt, der stimmungsvollen Relikte halber. Heute riecht es dort nach Farbe, Mörtel, Holz, Imprägniermitteln: Das Mittelalter präsentiert sich frisch gestrichen, mit Straßenbeleuchtung und Garagen, durch heruntergezogene Rolljalousien die unpassende technische Moderne verbergend. Eigentümliche Wohnstätten, auf andere Weise ausgestorben als vordem. Die einstige Vitalität, bewirkt von Bauern, Handwerkern, Krämern, von spielenden Kindern, Frauen, die am Brunnen die Wäsche wuschen – verschwunden wie nach einem tödlichen Ereignis und ersetzt durch »Zeitreisende«, durch Personen, die solchen Flecken nicht zum Leben, vielmehr *nur* zur »Erholung« benutzen. Aber Erholung und die Totalität menschlichen Daseins sind, wie man rasch merkt, zwei ziemlich verschiedene Dinge.

Zeitdurchblick: Besuch bei einem ehemaligen Offizier der Kolonialarmee, der sich mit seiner umfangreichen Familie inmitten der Landschaft angesiedelt hat und, aus einem Werkstatt-Bataillon entlassen, die Waschmaschinen in der Umgebung repariert. Die Einfachheit des Hauses, des Wohnens, aller Lebensumstände verweisen insgeheim auf die pensionierten Centurionen aus den Legionen des Imperium Romanum, die hier Heimatrecht erhielten. Was die durch Jahrhunderte getrennten Existenzen unterscheidet, wirkt nebensächlich. Die Tage vergehen zwischen den Weinfeldern, Gemüsebeeten, Obstbäumen wenig verändert. Man sitzt auf der Terrasse, empfängt seine Freunde, tischt eigenen Wein auf und führt ein Hühnchen vor, so ungewöhnlich zahm, daß es zur unterhaltsamen Attraktion geworden ist. Trotz der Waschmaschinen: die Psyche ähnelt noch nicht dem Schaltplan reparaturbedürftiger Geräte.

Man erkennt ohnehin in den Gesichtern, in den Augen der »Hiesigen« frühere Epochenschichten. Hinter diesen oftmals verschlossenen Mienen lebt ein »Mehr« an historischer Erfahrung als in nördlichen Breiten. Was in Schleswig-Holstein unter Denkmalschutz stehen würde, gehört hier zum blinden Alltag, ist häufig noch nicht einmal in seiner kulturgeschichtlichen Wichtigkeit erkannt.

Wenn der vergangenheitssüchtige Reisende, den es nach Venasque lockt, weil ihm dort ein uraltes Baptisterium versprochen wird, dieses endlich betritt und das Entstehungsdatum erkunden möchte, wird ihm die Wahl zwischen dem 7. und dem 11. Jahrhundert gelassen. Stets pendeln die Zweifel bei nicht exakt identifizierbaren Bauten zwischen merowingisch und karolingisch, was immerhin die Neugier wachhält. Diese diffuse Einordnung gilt gleichfalls für eine winzige Kirche in einem winzigen Dorf, das man nur findet, wenn man Schritt-Tempo fährt: St. Panthaleon. Doch nicht nur die Kirche ist ein Werk merowingisch-karolingischer Liliputaner, auch die aus demselben undeutlichen Vorgestern stammenden Gräber im Gestein des Kirchrundes sind es. In den Kalk gehauen, dicht an der Kirchenmauer, halb überwachsen von Büschen die Ruhestätten mit ausgespartem Kopfteil für »kleine Leute«. Neben ihnen, rührend und verwunderlich zugleich, ebensolche Endlagerplätze für Babys, nein, eher noch für Ungeborene: Derart puppenhaft prägen sich die Leichenbettchen im Fels aus. Kehrt man aus dieser verschwommenen Ära in die Gegenwart des heutigen Friedhofes zurück, verliert sich sogleich das Angerührtsein. Da lagern fabrikgegossene, zum Teil noch offene Betonwürfel, innen mit geriffelten Betonliegen versehen; in solche Kuben werden die Verstorbenen von St. Panthaleon und Umgebung einbetoniert, und fertig ist die atombombensichere Ewigkeit. Was immer uns die Zukunft bringen mag, des einen bin ich ganz sicher: Vor diesen grauen, schauderhaften Gußwürfeln wird niemand mit den gleichen Empfindungen stehen wie vor den körpergemäßen Vertiefungen für jene, von deren tatsächlichem Sein wir uns immer wieder nur halbwahre Bilder machen können.

Um wievieles besser datiert, genauer ergründet, zweifelsfrei untersucht sind hingegen Relikte wie die »Große Mauer« in Orange, einstmals eine der schönsten Ortschaften Galliens, in welcher die Veteranen der 2. Legion angesiedelt wurden und damit ausgesorgt hatten, ohne sich durch Waschmaschinenreparaturen ein Zubrot verdienen zu müssen. Ihr Dienstherr, Kaiser Augustus, steht hoch oben in jener 103 mal 33 Meter messenden Wand, die das Amphitheater nach außen abschließt und blickt gleichgültig über die Touristenscharen hinweg. 10000 Sitzplätze besaß die Anlage. Zwischen den steinernen Bankreihen emporkeuchend, meint man, sobald man sich droben umwendet, daß während des Aufstiegs die riesige Fläche weiter gewachsen sei: »Ein immenses, übermenschliches Drama war im Gange, das Drama dieser gewaltigen Szenenwand, deren senkrechte Gliederung dreifach auftrat, dröhnend vor Größe, fast vernichtend und plötzlich maßvoll im Übermaß«, bestätigt uns Rilke aus seiner Unsterblichkeit heraus den überwältigenden Eindruck. Von der obersten Sitzreihe und über das abschließende, demolierte, seiner Quadern beraubte Rund hinweg sieht man fern den windumtosten Berg mit seinem von hier kaum kenntlichen Aufbau. Zwischen ihm und der Statue des Kaisers, zwischen Natur und Geschichte, zwischen Raum und Zeit wechselt wie einst noch der Blick. Beide Dimensionen sind im Vaucluse derart miteinander verschränkt und verbunden, daß ihre Abgrenzung voneinander fließend wird. Geht man durch die Landschaft und zeitlich noch weiter zurück, werden die Überbleibsel früher »Provençalen« ständig rätselhafter und geheimnisvoller.

So gelangt der einsame Wanderer am Westhang der Dentelles de Montmirail an eine abseits von jeder Dörflichkeit gelegene Kirche: »Notre-Dame-d'Aubune«, die zum Dank für den Sieg über die Araber bei Poitiers und Tours im legendären Jahre 732 errichtet worden sein soll. Vom originalen Gemäuer ist wohl kaum noch etwas vorhanden, die massiven hölzernen Pforten verrammelt; vermutlich weil die Priester so arm sind, daß sie bei der Weinlese mitarbeiten müssen, denn kirchlicher Service wird nur bei Leistung direkt bezahlt, und es werden im »frommen Frankreich« beispielsweise immer weniger Kinder getauft: die Kirchen sind leerer als die deutschen.

»Ursprünglich«, so erfährt der Wanderer von seinem »Reisebegleiter durch die schönsten Kulturlandschaften Europas«, »lag in dieser allem Anschein nach ein antikes oder noch älteres Quellheiligtum ...« Weil der Anschein kaum befriedigend ist, schaut man sich im Kirchenbereich um und entdeckt, im Gegensatz zu der sakralen Sehenswürdigkeit, hügelabwärts eine unverschlossene Tür, hinter der ein gewölbter Schacht im Bergdunkel verschwindet. Mitten im felsigen Boden des Ganges ausgehauen die Rinne: Klares Wasser fließt ins Freie und in ein steinernes Becken. Hätte man nicht zufällig eine Taschenlampe bei sich, es nutzte einem der ganze Forscherdrang wenig. So aber tappt man gebückt durch den Tunnel, beiderseits Felswände, die Decke rundbogig ausgemauert, und gelangt an eine Biegung, hinter der sich unerwartet auftut, wovor jeder touristische Eifer erlischt: eine kleine Kammer, nahe der Decke ein vergittertes Loch, durch das Licht fällt und die Quelle sanft erleuchtet. Mitten im Berg eine atemlose Stille. Auch das Wasser fließt lautlos. Nun weiß man, was das heißt: »An der Quelle« sein, denn in der Provence, wo es immer an Wasser mangelte, wo es vier Monate im Jahr nicht regnet, hat ein stetes Rinnsal wie dieses noch eine ganz andere Bedeutung als nur eine ökonomisch zweckgerichtete. Und wie wesentlich dieses Rinnsal von jeher war, erfährt man ein paar Schritte oberhalb des Schachtes, wo zwischen Reihen von Rebstöcken die Scherben der Geschichte aus der lehmigen Erde treten; die ältesten sind dünnwandig schwarze und rote aus Rom und Athen. Und der Fuß stolpert über Brocken von Schindeln, wie sie seit 1600 Jahren nicht mehr gefertigt werden. Und noch weiter zurück, dahin wo die Datierungen nur noch Hypothesen darstellen und die Naturnähe der menschlichen Werke schon groß ist, begegnet man im Gestrüpp niederen Gehölzes den »Bories«: Zuckerhutähnliche Türme, wie sie vermutlich ein Steinzeitarchitekt entworfen hat. Ein erfolgreiches Modell, denn außer im Vaucluse erheben sie sich auf Sardinien, in Irland, gar in Mexiko, wie eine archäologische Ausstellung im »Le Village des Bories« bei Gordes spekuliert. Bis in unser Jahrhundert hinein hausten Hirten und Bauern als verspätete Neolithiker in diesen Hütten, die aus nur lose aufeinandergeschichteten Steinplatten bestehen: Zieht man eine einzige heraus, erliegt die Unterkunft dem Kartenhauseffekt. Wann man dieses Dorf aufzurichten begann, ist völlig ungewiß. Vielleicht vor drei Jahrhunderten? Vor zehn oder fünfzehn? Kein Merkmal gibt Auskunft.

Es ist mancherorts so, als sträube sich die Vergangenheit, über sich selber Auskunft zu geben; als wolle sie ihr Geheimnis bewahren. Eines dieser Geheimnisse trägt den nichtssagenden Namen »Carluc«, mit dem eine Stelle in der Wildnis benannt ist, welche sich vor Besuchern durch eine in Frankreich ungewöhnlich schlechte, schlaglöchrige, geschotterte Straße schützt. Den Wagehals erwartet eine vor-romanische Kapelle, grau und bunkerartig, die Fenster wie Schlitze, als einziger Schmuck zwei schlanke Säulen mit figürlich gestalteten Kapitellen: Da oben hockt eine »Baubo«, eine nackte Frauensperson, die ihre Beine spreizt, um ihr bestes, nun jedoch beschädigtes Teil zu zeigen: als Teufelsabschreckung oder Zeichen der ewigen Wiedergeburt, je nach Einstellung des Betrachters. Direkt an die Kapelle sich anschließend, als sei das christliche Bauwerk absichtlich und als Triumph mitten hinein gesetzt worden, eine seltsame Anlage, die als »vorchristliche Begräbnisstätte« bezeichnet wird. Aber – was heißt hier vorchristlich? Ein vertiefter Gang im Kalkstein, einstmals wohl unter der Erde verborgen, die Decke eingestürzt, die Trümmer fortgeräumt, so daß die seitlichen, in den Stein geschlagenen Gräber nun zum Himmel hin offen liegen. Ein Rundbogen schließt den Gang ab, eine Kammer mit weiteren Sarkophag-Nischen folgt. Durch einen rechteckigen, mit Türfalz versehenen Rahmen, in dem vermutlich eine Steinplatte die Ruhenden abschirmte, geht man hinaus. Und steht vor einem überhängenden Felsen, doch der Überhang ist künstlich, er ist herausgesägt, um Platz für mehr Bodenvertiefungen zu gewinnen. Im überkragenden Felsen eine nun aufgebrochene Kammer, Stufen führen hinauf, unter den Stufen eine kleine, halbmondförmige Nische, in die man die Hand stecken könnte, unterließe man es nicht aus Unbehagen. Auf einer geglätteten Fläche ein ausgehauener Ring mit Abfluß über eine Kante – ist das eine Opferstelle? Man wird, trotz der Unwahrscheinlichkeit solcher Vermutung, an etruskische Begräbnisstätten, ja, gar an ägyptische erinnert. Und es erscheint einem in dieser gründurchwucherten Einöde durchaus plausibel, daß die Ur-Provençalen, die Ligurer, in jenem frühgeschichtlichen Dämmer auf die ersten Besucher, vermutlich Phönizier, trafen, und von ihnen den Begräbniskult übernahmen. Von dieser eigenartigen, abseits aller Siedlungen gelegenen Außerordentlichkeit heißt es selbst in den entsprechenden archäologischen Publikationen: »Noch nicht erforscht«.

Bei der Tour um den Mont Ventoux gelangt man nach Mormoiron, wo der deutsche Maler Siegfried Klapper wohnt, der auf handgroßen Blättern die Landschaft und ihre Früchte fixiert. (Ein anderer deutscher Maler, Steffens, lebt unterhalb von Gordes, und malt die Feinstruktur der irdischen Materie.) Man gelangt nach Sault, einem tristen Nest in 765 Meter Höhe, nach Brantes und über Malaucéne nach Carpentras, dem Ausgangspunkt, zurück. Ständig begegnet man auf Anhöhen, Hügeln und Gipfeln klebenden Dörfern, jedes jeweils von einem Château, meist einer klaffenden Ruine, überragt. Das macht einem das Ancien régime erst deutlich, die Unzahl eines Adels, dessen Stammsitze in den Religionskriegen und während der Revolution von 1789 zerstört worden sind. Gegenüber unserem Windberg auf einer steilen Kante des Luberon zerbröckelt eines der umfangreichsten Schlösser des »galanten« Jahrhunderts. Zwischen zyklopischen Mauern residierte hier auf Lacoste ein Adliger, von dem kaum Galantes zu berichten wäre, der Marquis de Sade. An seinem, in jämmerlichem Zustand steckenden Besitz hat eine Gesellschaft der Freunde de Sades ungeschickt herumrestauriert. Wilder Wein und Efeu sprengen das Gemäuer. Eidechsen huschen umher, die immer wiedergeborenen Teilnehmer berüchtigter Orgien, dererwegen der Hausherr von seinen 74 Lebensjahren 27 im Kerker verbrachte. Und weil auch hier der Genius loci, der unheilige Geist des Ortes, Unfug mit den Besuchern treibt, dediziert er mir ein seltsames Objekt: einen kleinen Sonnenschirm, Griff und Stab rosa lackiert, das Gestell aus Bambus, bespannt mit Ölpapier, olivgrün, dazu dunkelblau bebändert mit einem keinesfalls asiatisch wirkenden Rankendekor – ob er Justine oder Juliette gehört hat? Spukt es in diesem untergehenden Labyrinth, und war eines der weiblichen Gespenster zu sorglos und vergeßlich?

Jedenfalls habe ich das Schirmchen als Geschenk verstanden und mitgenommen.

Der Ursprung der sexual-pathologisch berühmt gewordenen Unheilsstätte befindet sich übrigens nur einige hundert Meter entfernt: Steinbrüche, wie wir sie nicht kennen. Der weiche Kalkstein, der, kaum aus dem Berg herausgeschnitten, aushärtet, wurde mit einer verblüffenden Methode abgebaut, welche unterirdische, jetzt als Weinkeller benutzte Säle schuf. Enorme Blöcke wurden, nachdem man sich in die Bergwand hineingefräst hatte, von unten, vom Boden her herausgesägt, immer weiter aufwärts fortschreitend. Quadratische Säulen blieben stehen, während die Maschinen sich tiefer und tiefer ins Massiv hineinbohrten. Blickt man von oben in die Steinbrüche hinab, glaubt man sich im »Tal der Könige«: glatte hohe Wände mit breiten, gittergeschützten Einfahrten, durch die es ins Dunkel geht. Einsamkeit: ihr begegnen wir überall im Vaucluse stets aufs neue. Am eindrücklichsten wird sie spürbar an der Nordseite des Mont Ventoux, wo nur noch einige wenige Dörfer die Landschaft sprenkeln, manche, als wären ihre Bewohner gefiederte Wesen, an Felsstürzen befestigt, wie etwa Brantes oder Burroux, da an steilen, die Straße schluchtenartig begleitenden Felsen Bergsteiger käferartig emporkriechen, und die Straße selber an einem nahezu ausgestorbenen Ausflugslokal endet, in dem man nicht nur frische Flußkrebse essen, sondern auch die Bilder offenkundig eremitischer Maler kaufen kann.

Architektonische Indizien verweisen vor allem auf ihren Gegensatz zum Heute: beispielsweise die uralte, unauffällig in den Autoverkehr integrierte Römerbrücke, unter der stinkender Schaum aus einer Fabrik bei Apt dahinbrodelt. Oder das Kloster Senanque, vor dem namenlose schwarze Holzkreuze uns einiges über unseren Stolz auf unsere Individualität mitteilen.

Die Landschaft aber hat ein Janusgesicht. Eben noch fährt man gemächlich durch eine gepflegte Kulturlandschaft, Rebstöcke kilometerweit rechts und links, Gehöfte aus gelbem Bruchstein mit flachem Ziegeldach, unaufhörliche Kopie des antiken Grundmusters, sanfter Hügelschwung bebauten Bodens – und gleich, kaum von der »Route Nationale« abgebogen, kämpft man sich durchs Gestrüpp, als sei dort nie vordem ein Mensch gegangen. Die Landschaft ist großzügig und gibt sich überschaubar und verheimlicht zugleich die versteckten Residuen, die Inseln vollkommenen Alleinseins. Stößt man in der Abgelegenheit aufs Ufer der Sorgue, bestaunt man die Leistungen fleißiger Biber. Konisch zernagte starke Bäume mit säuberlich zurchtgeknabberten aufeinanderstehenden Spitzen, die den Stamm gerade noch halten: Die Biber fällen sie nicht, sondern warten auf den nächsten Sturm zu ihren Gunsten. Pflanzen überwuchern rasch verlassene Gebäude, sich selbst überlassene Schutthaufen. Hin und wieder erreicht man an den Berghängen längst aufgegebene Unterkünfte, die in den Urzustand des Materials zurücksinken – aufgegeben meist aus Wassermangel.

Macht man sich gar auf zur Gorges des Nesque, einer vom Buschwerk bis in den nicht einsehbaren Abgrund hinab überzogenen Schlucht von der Mächtigkeit amerikanischer Canyons, erlebt man eine umfassende Menschenleere, weil Trockenheit die Besiedlung verhindert hat. Am besten Aussichtspunkt verkauft ein Bauer Lavendelhonig eigener Machart und erhebt sich eine Steinplatte mit dem Vers des Dichters Mistral in provençalischer Sprache. Es ist, als müsse man immer nur um die nächste Ecke biegen, um in einer kulturellen Sehenswürdigkeit oder einer Wildnis zu landen. Eine Mischung aus beidem befindet sich im »Valle Clausus« selber, das dem Departement den Namen verlieh: Das »geschlossene Tal«, ein sich verengender Einschnitt zwischen steilen Felsen, durchrauscht vom Wasser der Sorgue, welche am Ende des Tals ihre Quelle hat. Ein Fußpfad begleitet das schäumende Gestrudel bis zum Riesenrachen einer monströsen Höhle, unbetretbar, weil mit eigentümlich türkisfarbenem Wasser, an Capri erinnernd, bis zum brokkenübersäten Rand gefüllt. Der Wasserspiegel sinkt nicht, obschon, bei mittlerem Wasserstand, 50000 bis 60000 Liter pro Sekunde in die Sorgue strömen. Und damit nicht allein die Historie dem Besucher Rätsel aufgebe, liefert ihm hier auch die Natur eines – die schier endlose Tiefe der Quellhöhle. 1967 erreicht man mit einem automatischen Tauchgerät 106 Meter. Kürzlich ließ man einen modernen Apparat hinunter, der bei 207 Meter Tiefe Spuren eines illegalen Tauchversuchs entdeckte – ein Deutscher soll bis dorthin gelangt sein. Leider ist das Gerät bei dem Tauchversuch explodiert, und nun will man den deutschen Amateurtaucher bitten, hinunterzusteigen, um den Höllenschlund zu erkunden – soweit die örtliche Legende.

»Wie oft bin ich ... mit einer Art schaurigem Vergnügen in die riesige Quellhöhle eingetreten, die man, auch am lichten Tag, selbst in Begleitung nur mit Schaudern zu betreten pflegt ...«, notierte unser literarischer Vorgänger. Seinen Besuch bei der »Fontaine de Vaucluse« meldet eine Tafel und ein geschlossenes Gartenrestaurant: »Au Jardin de Petrarque – Tel: 20 31 81«. Petrarca, inzwischen unter keiner Nummer erreichbar, vermittelt immer noch eine Ahnung von seiner Anwesenheit durch das Schauspiel einer von ihm erstmals beschriebenen, überwältigenden Natur.

Morpheus aus der Unterwelt

Nicht weit von Rom an der Autobahn nach Norden und parallel zur Via Aurelia passiert der Reisende ein Schild, das eine unsichtbare Grenze markiert. Im Vorbeijagen nimmt das Auge wenige Worte wahr: Hier endet das Paese latinii, Latium, der geographische Kern des Römischen Reiches. Gleich darauf befindet man sich in Etrurien, das nach der Benennung seiner ehemaligen Bewohner (»Tusker«) heute Toskana heißt. Es berührt seltsam, daß an dieser Stelle eine Trennlinie betont wird, die es eigentlich seit dem Jahre 27 v. Chr. nicht mehr gibt. Besteht denn nach so langer Zeit, nachdem das Imperium die Etrusker verschluckt und gründlich verdaut hat, immer noch eine Notwendigkeit, sich gegen das Etruskische abzugrenzen? Hat diese Linie nicht einen, mit Zögern gesagt, magischen Charakter? Ist möglicherweise die geschichtliche Vergangenheit, in die wir nun mit unserem Leihwagen wie mit einer Zeitmaschine fahren, doch nicht so tot wie ihre einstigen Schöpfer und doch nicht so museal, wie die Archäologen, die sie ausgruben, es behaupten?

Unter einem Himmel, alle Italien-Klischees mit seinem strahlenden Blau bestätigend, rollen wir langsam in unser Reiseziel ein: Cerveteri, jenes Städtchen auf den verschwundenen Resten des früheren Caere veteres, der Etruskerstadt, die fünfzehnmal größer gewesen ist als ihre verschlafene und miniaturisierte Nachfolgerin. Hier steht der »Barbiere« gelangweilt vor seinem Laden, vergeblich auf neue Völkerwanderungen hoffend, die ihm massenhaft Bärte und Schöpfe zum Stutzen brächten. Signoras und Signorinas palavern auf der Fahrbahn, vorsichtig von den Wagen umrundet. Ältere Männer im Baumschatten auf Bänken sehen aus, als hätten sie die schier endlos gedehnte Historie ihrer Region längst vergessen, und das dürfte wohl auch der Fall sein. Das gestörte Geschichtsbewußtsein läßt sich leicht an den Panoramen ablesen: Betonklötze sind gewalttätig in den sanften Schwung der Landschaft gerammt, Hochhäuser blockieren durch sinnlose Vertikalität die Aussicht aufs nahe Meer, auf das »Tyrrhenische«, dessen Name, wir haben es nachgelesen, vom Stammvater des versunkenen Volks, von Tyrrhenos, herrührt. Etwa zur gleichen Zeit wie Äneas aus Troja ist auch er, aus Kleinasien kommend, an dieser Küste gelandet. Und während jener legendäre Ahn in Latium einheiratete, um Grandpa von Romulus und Remus, den Gründern Roms, zu werden, entsprang dem Thyrrhenos das Volk der Tyrrhener oder Tyrrhenser, Tusker, Etrusker, das sich selber »Rasna« nannte – Ereignisse eines fernen Gestern, da die Küste noch frei betretbar und nicht eingezäunt, verbaut, verdreckt und vom Massentourismus okkupiert war. Odysseus würde sich schön dafür bedanken, hier an Land gespült zu werden.

Sobald man die palmenbestandene Piazza, das langgestreckte Zentrum Cerveteris, umkreist hat, zeigt einem ein unauffälliges, halb verrostetes Blech an einer Straßenecke den schlaglöcherigen Weg zum absoluten Endpunkt der Reise, zur »Necropoli etruschi«, der Totenstadt der vordem hier Ortsansässigen. Ständig weiter aufwärts an einer Hügelflanke, rumpelt man unter dichtem Laubdach dahin, bis linker Hand und wie jenseits des Straßengrabens auf tieferem Niveau versenkt, die ersten, außerhalb des archäologischen Areals gelegenen runden Grabtürme (»Tumuli«) auftauchen. Aus einer tiefen Schneise zweischen den Bauten richtet sich eine wildbärtige Gestalt auf, um unser Vorbeifahren zu beobachten, so daß meine Begleiterin sofort erklärt, diese Begräbnisstätte da unten würde sie ganz bestimmt nicht besichtigen wollen!

Die Holperstrecke mündet in einen Parkplatz zwischen einer Andenkenbude und dem Entree zum Reich der Toten, das heißt: zu einem kleinen Bereich, denn von der Totenstadt ist nur ein Bruchteil erschlossen und zugänglich. Wenn man weiß, daß im Altertum die Beerdigungsbezirke viel umfangreicher als die sie über Jahrhunderte hinweg benützenden Städte waren, da die Zahl der Lebenden relativ konstant blieb, die der Verstorbenen sich aber im Lauf der Zeit summierte, dann kann man sich vorstellen, was rund um Cerveteri noch der Ausgrabung harrt.

Der hiesige Hadeswächter, trotz der morgendlichen Frühe wenig zerberushaft, entläßt uns als einzige Visitatoren durch eine Glastür in den Vorraum zum Jenseits. Schon nach ein paar Schritten liegt das späte XX. Jahrhundert so weit hinter einem, als hätte es nie existiert. Durch die angesammelte Stille vergangener Säkula trödelt man über die »Via Sepolcrale Principale«, den Hauptweg, an den beidseitig aufgeschichteten oder tief in den Boden gesenkten Gehäusen der Abgeschiedenheit vorüber, um nach dem ersten Eindruck für Momente Herrn Däniken recht zu geben. Teils aus dem Tuffstein des Grundes geschlagen, teils aus zyklopischen Quadern zusammengesetzt und von wüstem Pflanzenwuchs überkuppelt, wirken diese Tumuli, als wären sie von ein und derselben Firma hergestellt worden, die schon im alten Ägypten und im prä-columbianischen Amerika tätig gewesen ist.

Was man von der wenig bekannten Frühgeschichte der Etrusker weiß, bestätigt jedoch den Stil dieser Architektur: Mesopotamischer Einfluß wird angenommen, jedenfalls rückgeschlossen aus magischen Praktiken wie Leberschau und Weissagung aus Blitz und Vogelflug. Es hat sich vermutlich um ein recht gemischtes Völkchen gehandelt, zu dem sich Kelten und Phönizier vermengten, Umbrer und Ligurier, Groß-Griechen und nicht zu vergessen die unidentifizierbaren, fast legendären Pelasger. Bedauerlicherweise haben sie keine Literatur hinterlassen, aus der wir etwas von ihrem Leben erfahren könnten. Aber selbst wenn es die gäbe, wir wüßten doch nichts damit anzufangen. Denn was von ihrer Sprache auf uns gekommen ist, bildet für die Forschung ein unerhellbares Rätsel. »Alle Texte sind glatt lesbar«, meint »Der kleine Pauly« dazu, »denn sie sind mit griech. Buchstaben – fast immer von r. nach l. – geschrieben, aber sie sind mit Ausnahme weniger Wörter (sicher etwa 30, höher gegriffen, aber unsicher, etwa 50) nicht zu übersetzen, weil das Etr. mit keiner anderen Sprache zusammenzubringen ist. Bekannt sind etwa 10000 Inschriften, darunter 16 Bilinguen, aber im Gegensatz zu anderen Sprachen (assyr., äg.), die mit Hilfe einer einzigen Bilingue entziffert werden konnten, nützen die etr.-lat. nichts ...« Damit erhält ihr Auftauchen in der Geschichte, ihr so todesbewußtes Dasein wie ihr scheinbar vorprogrammiertes Verschwinden eine zusätzlich mystifizierende Dimension. Kein Wunder, daß die nachtschwarzen und offenen Eingänge der Grabkammern verlocken, in sie einzusteigen – selbst in Kenntnis des Umstandes, daß sie ja längst ihrer Inhalte beraubt sind. Aber ihre abweisende Fremdartigkeit schafft einen ganz besonderen, ganz intensiven Anreiz. Diese ungewöhnliche Anziehungskraft bringt uns immer tiefer in die Totenstadt hinein. In den Tuffstein des Weges haben die Räder der Leichenkarren tiefe Rinnen gefressen – über Zeiträume hinweg, deren sachten Dahingang wir nicht mehr nachzuempfinden vermögen. Durchdringendes Schweigen umgibt uns, dazu – mit der steigenden Sonne rasch wachsend – ein dichter Hitzemantel, dessen man nicht einmal in den spärlichen Schatten ledig wird, weil der Wind fehlt und die mächtigen Mauerwerke einen Backofeneffekt produzieren.

»Ich wollte es dir eigentlich nicht vorher sagen«, erklärte in dieser bedenklich stimmenden Einsamkeit meine Begleiterin, »aber erst neulich ist hier ein englischer Tourist ermordet aufgefunden worden, wie ich in der Zeitung gelesen habe ...«

Bemerkungen solcher Art führen dazu, daß man mit

einem etwas gemischten Gefühl die engen Umgänge der Tumuli begeht, vom Betreten der meist lichtlosen, kunstvoll geometrisierten Höhlen ganz zu schweigen. Und die Taschenlampe, die ich mitgebracht habe, mich im Finstern zurechtzufinden, betont eher noch die Finsternis, als daß sie sie wirklich erhellt. Aus einer dieser düsteren Öffnungen – wohl weil ich mich ihr nahe – ertönt unerwartet schriller Lärm, verstärkt durch die Halligkeit des Innenraums. Natürlich fällt mir sofort der Engländer ein, und trotz der enormen Wärme weht mich die drohende Kühle des Todes an. Plötzlich schießt eine Schwalbe aus dem Dunkel hervor und an meinem Gesicht vorbei wie ein Geschoß: In dieser Grabkammer hausen sie, neue Mieter einer einst unbezweifelten Ewigkeit, als wollten sie den ursprünglichen Glauben rechtfertigen, daß der Verstorbene als »Seelenvogel« fortexistiere. (Als Beweis für das Vorhandensein einer Seele galt ja, daß sie sich während des Schlafes vom Körper trennen und umherfliegen könne; wurde der Schlaf zu einem Dauerzustand, behielt der »Seelenvogel« eben seine Gestalt bei.)

Nicht ohne gewisse Bedenken, wie ich gestehe, kletterte ich in die letzten Wohnungen der verblichenen Etrusker, unsicher, was ich mehr befürchten sollte: Den Zusammenstoß mit Seelenvogelscharen, falls ich auf welche traf – was man seit Hitchcocks »ornithologischem« Film zu erwarten gelernt hat –, oder die Begegnung mit einem nicht hergehörigen Organismus britischer oder sonstwelcher Nationalität. Doch waren die Kammern immer leer. Der Schein des Lichtkegels erhellte ziemlich schwächlich die aus dem Tuff herausgemeißelten Betten, auf die man die Leichen legte und ablagerte, bis die trockene Luft, für die der Tuff durchlässig ist, sie ausgetrocknet und mumifiziert hatte. Zeigte ein Bett einen Giebel am Kopfende, war der Platz für eine Frau reserviert. Männern stand nur ein schwach ausgeprägtes Halbrund als Kissen-Andeutung zu. Stets standen die Betten parallel zueinander, getrennt durch den Gang (oder Zugang) zu einem hinteren Raum, aus dessen Wänden ebenfalls die rechteckigen Blöcke traten. Hier währte die Ehe bis ins zeitlich Unendliche und war nicht einmal – wie es die Heiratsformel der katholischen Kirche androht – durch den Tod zu scheiden. Endgültig geschlossen wurde solche Grabstätte erst, wenn beide Partner darin untergebracht worden waren. Draußen jedoch, und damit der Besucher zumindest über die Relation der Geschlechter dort drinnen Bescheid wisse, stellte man Merkzeichen auf, an denen Sigmund Freud seine Freude gehabt haben würde: Kleine Säulen für Männer, kleine stilisierte Häuschen für Frauen. Es gab übrigens im Gegensatz zur übrigen antiken Welt und aus Gründen, die uns später klar wurden, in diesem Land die weibliche Gleichberechtigung, die soweit ging, daß bei der Eheschließung der Gatte nach Wunsch den Namen der Angetrauten annehmen konnte.

Mühevoll und sorgfältig sind diese Wartezimmer zur Unsterblichkeit den Alltagsbehausungen angeähnelt, die hölzernen Deckenbalken in Stein übersetzt, Sessel aus dem Tuff herausgeschlagen, manchmal sogar Schilde aus den Wänden gemetzt, symbolischer Schutz für den Toten während seines Aufenthaltes in der Abgeschiedenheit. Eine der späteren unterirdischen Kammern, die »Tomba dei Rilievi« enthält auf buntbemalten Stucktafeln die Effiges von Gebrauchsgegenständen, Arbeitsgeräten, Waffen, denn im »Drüben« verlief alles wie im Diesseits, und diese Verlängerung des irdischen Daseins über das Sterben hinaus, signalisiert eine Lust am Leben, das noch kein »Himmelreich« als Trost für den elenden Alltag benötigte. Im Gengenteil: Das Leben war schön und sollte weitergehen und würde es auch, beachtete man nur genau die entsprechenden sakralen Gebräuche.

Ihrer Beigaben und Schätze entledigt, umschlossen mich die kahlen blockigen Formen der Kavernen. Keine Fantasie imaginiert, wie sie da gelegen haben mochten; zu groß die zeitliche Entfernung, zu gering unser Wissen von ihnen.

Ohnehin stammen unsere Kenntnisse über sie hauptsächlich aus zweiter Hand: von den ihnen mißgünstigen Griechen und von den mit ihnen konkurrierenden und dann sie besiegenden Römern. Daß solche Nachrichten verzerrt sein müssen, ist jedem klar, der sich heute die aktuelle Information des einen politischen Systems über das andere vergegenwärtigt. Und der Unterschied zwischen Rom und Etrurien war bedeutungsvoller als der heutige zwischen den Großmächten. Denn den Römern, deren Intellekt primär rational geprägt war, »technizistisch« mit einem Modewort, und die, selber wenig kreativ, ihr zeitgenössisches Wissen praktikabel und expansiv anwandten, stand eine ältere Denkweise, eine andere Vorstellungswelt bei den Etruskern gegenüber. Die weibliche Gleichberechtigung als Restbestand des Mutterrechts ist nicht der einzige Beweis für ein Bewußtsein, das noch ganz mythisch bestimmt und vielleicht (und mit größter Vorsicht) dem indianischen vergleichbar ist. Darauf verweist auch die unentschlüsselte Sprache, die, es kann nicht anders sein, darum Schwierigkeiten bereitet, weil sie exakt Ausdruck jenes mythischen Bewußtseins ist. In der etruskischen Spätzeit, da die römische Rationalität auch machtpolitisch triumphierte, hat man die Etrusker als dem Aberglauben verfallene Leute angesehen, und sich über ihre Haruspizin, ihre »Medizinmänner« amüsiert. Es war aber, was die Zeitgenossenschaft nicht begreifen konnte, eine andere Weise der Welterfahrung und des solchermaßen gewonnenen Wissens, die ungültig wurde. Und somit war ihr Aussterben oder Aufgehen in einer »fortgeschritteneren« ethnischen Gruppierung vorbestimmt. Und noch die Kunstgeschichte bemerkt 1981 über ihre Werke, sie besäßen bis ins 4. Jahrhundert einen »subarchaischen« Stil; bezeichnend dafür sei das zähe Fortleben archaischer Stilelemente und deren Vermischung mit jüngeren Zügen.

Die Etrusker, zumindest ihre Wahrsager, ihre Priesterkönige, besaßen wohl eine Eigenschaft, die in jeder vernunftgelenkten Zivilisation zum Absterben verurteilt ist: die Fähigkeit des Bilder-Schauens, der Erkenntnis durch Bilder. Wie Kinder in Tapetenmustern Fratzen erblicken, in Wolken ganze Menagerien, so erschauten vermutlich diese Etrusker in der Natur nicht primär deren Materialität. Ihr Blick ist »morphologisch« gewesen; ihm gerann unbewußt das Erblickte zu neuer Gestalt von besonderer Bedeutung. (Und nur die Dichter haben von dieser Fähigkeit eine Spur in der Metaphorik des Gedichts über die Zeiten bewahrt.)

Und gemahnt nicht auch an den Untergang der nordamerikanischen Stämme, daß die Etrusker in einem lockeren, nur religiös fundierten Bund von zwölf Städten zusammengeschlossen waren, der keinen gemeinsamen Zusammenhalt gegen die römischen Invasoren ermöglichte? Wie kein anderes Volk der Erde haben die Etrusker die Dauer ihrer Existenz »gekannt«: sie haben sich selber achthundert Jahre zugebilligt und die Terminierung nahezu genau eingehalten. In der Villanova-Kultur im 9. Jahrhundert ans Licht tretend, verschwinden sie mit der territorialen Eingemeindung ins Imperium im Jahre 27 v. Chr., als habe ihnen die Prophezeiung über ihr Schicksal schon lange vorher die Widerstandskraft genommen.

Entgegen dem fantasieträchtigen Blick des Einst, ist der unsere ernüchtert und blind geworden. In all den Grabkammern, in die ich pflichtgemäß stieg, begegnete mir nur das Immergleiche des Innenraums, dasselbe karge Mobiliar; die inneren Pforten und Fenster, deren Sinn sich mir nicht erschließen wollte. Und ich war doch zur Zwiesprache hergekommen. Auch das unverhoffte Geraschel der Eidechsen draußen im Efeu verstand ich nicht, das einem von den da drinnen zu Staub Zerfallenen wohl noch viel gesagt hätte. Und statt sie ehrfurchtsvoll als Wiederverkörperung zu begrüßen, erschrak ich vor der handgelenkdicken, schwarzgrünen Schlange vor meinen Füßen. Und jenes bräunliche und schier endlose Reptil, das sich aus einem Tumuli-Spalt hervor und geschickt über die geglätteten Blöcke aufwärts zur bewachsenen Kuppel schlängelte, kam mir auch nicht sehr verwandt mit mir vor.

Ich mußte erst zum Dieb werden, um das Nachleben der in diesen Bunkern Bestatteten zu spüren zu bekommen, zumindest um es mir einzureden – so wie man leichter an das Unwahrscheinliche glaubt, statt die verborgenen Ursachen ungewöhnlicher Vorgänge aufzuspüren. Dazu mußten wir jedoch den Rückweg antreten, der durch eine lockere Ansammlung von Kiefern führte, an deren Rand und nahe dem umschließenden Zaun ein neuzeitliches, wenn auch demoliertes Gebäude stand. Ziegelgedeckt, der helle Putz brüchig, glich es einem ländlichen Anwesen, doch war seine Zweckbestimmung keineswegs landschaftlicher Natur. Schon daß die Fenster vergittert waren, machte mich stutzig. Dann entdeckte ich, daß eines der Gitter partiell zersägt und die Stäbe gewaltsam nach außen aufgebogen waren: Unübersehbares Indiz eines Einbruchs. Der mußte jedoch länger her sein, denn die Haustür selber erwies sich als offen. Unaufgefordert, doch zögernd trat ich ein. Das Haus entpuppte sich als Lagerhaus. Auf primitiven Regalen sowie in Kisten direkt hinter der klaffenden Tür häuften sich tönerne und zerbrochene Reste von Ausgrabungen. Lauter Scherben, wohin man sah, wohin man griff. Hemmungslos kramte ich im Schutt der Jahrtausende. Nicht ein heiles Stück war zu finden. Abgebrochene Henkel aller Größen, Vasenrundungen, Öllampensplitter, Bruch von unidentifizierbaren Gefäßen: Mir wurde klar, wer da und warum versucht hatte einzubrechen. Noch immer ist die Grabräuberei ein lohnendes Geschäft in der Toskana – zum Leidwesen der Archäologen. Vermutlich hat man nach dem geglückten oder mißlungenen Einbruch das Gebäude als »Zwischenlager« für Fundsachen aufgegeben. Zurück blieb die wertlose Menge nicht mehr brauchbarer Trümmer, von denen keine Aufschlüsse zu erwarten waren. Ohnehin bildet die Erde Italiens nur eine dünne Kruste über dem Abfall der Millenien. Wo man den Boden aufbricht, stößt man sogleich auf die Hinterlassenschaften der Vergangenheit.

Während meine Begleiterin draußen unruhig wurde, fahndete ich hastig nach einem Souvenir, ohne vorauszuahnen, wie nachdrücklich sich mir einprägen würde, was mir dort in die Finger kam: Eine schwarze Scherbe, handtellergroß, die Oberfläche fein geglättet und mit drei parallel verlaufenden Riefen versehen, Rudimente des Dekors, das ringförmig das Gefäß umzogen hatte. In meiner Hemdtasche spürte ich die leichte Wölbung, bis wir wieder im Hotel waren. Wie es freilich mit der Trouvaille weiterging, läßt sich nur in Klammern und mit ironischer Ambivalenz berichten. (Nämlich: Wie ich nachts träumte, daß zwei durchschnittlich aussehende Personen mich verfolgten, und wie ich genau wußte, es handle sich um »Schrei-Geister«, gegen die ich mich wehrte, indem ich aus einer Wasserpistole eine Flüssigkeit gegen sie sprühte – was sie aber immer nur kurzfristig aufhielt. Traf ich sie mit meiner »Waffe«, rollten sie sich vertrocknend wie Blätter zusammen, zerfielen zu Asche, sanken zu Boden, um doch stets erneut hinter mir herzusein. Und wie sie mich in dem Augenblick, da ich glaubte, sie abgeschüttelt zu haben, angesichts einer Menschenmenge, obgleich für diese unsichtbar, an den Beinen packten und festhielten – das war sowohl merkwürdig wie nachhaltig beeindruckend. Der Schluß lag nahe, daß dieser Traum die unmittelbare Folge der Aneignung jenes »Andenkens« gewesen sein mußte, Überrest einer Grabbeigabe, gar einer Urne, denn die konvexe Innenseite wies Brandspuren auf – aber das konnte nicht stimmen, da ja nach der Kremation die Glut mit Wein gelöscht und die kalzinierten Knöchelchen aus der Asche herausgesucht wurden. Aber ich hatte wohl schon zuviel über die magischen Praktiken der Etrusker gelesen und so überwältigte mich meine Lektüre im Schlaf.)

Am Nachmittag darauf wieder über die »Via Sepolchrale

Principale«, auf der man zu einem hohen Gittertor am Ende des Geländes gelangt: Aufmerksam hielt ich Ausschau nach einer passenden Grabkammer. Endlich schien mir eine geeignet, weil ein überdimensionaler Felsbrocken vor ihrem Eingang war und solchermaßen den Eintritt versperrte. In das Dunkel dahinter warf ich die schwarze Scherbe; kein Aufprall, kein Klirren ließ sich vernehmen. (Ich gebe zu, daß mir die bevorstehende Nacht Unbehagen bereitet hatte; der Traum war zu intensiv gewesen, ein regelrechter Albdruck, den zu wiederholen ich keine Lust hatte. Und er wiederholte sich nach der »Rückgabe« auch nicht mehr.)

Am Abend vor unserer Abreise erkundigte sich die Tochter des Hoteliers deutsch radebrechend und mit aufrichtigem Interesse nach unseren Eindrücken. O ja, die Etrusker! Sie fühle sich als Nachkomme, obwohl das natürliche Kastanienrot ihres Haares und ihre Sommersprossen eher auf langobardische Ahnen schließen ließen, die ebenfalls ehedem in der Toskana siedelten.

Ob wir auch jene Grabstätten besichtigt hätten, die außerhalb des Zaunes lägen? Sie jedenfalls, wenn sie sehr verzweifelt sei, fahre dort hinauf, an der Nekropole vorbei, ganz nach oben auf das Hügelplateau und setze sich auf eine der Grabkammern direkt an der Fossa del Manganello, der tiefen Kluft, durch die der Manganello zum Meer fließe, und kehre getröstet zurück.

Wir folgten ihrem Rat.

Am nächsten Morgen, unter einer noch milden Sonne, rumpelten wir über den Parkplatz hinaus und vorbei an der »Zona Rectino« und über einen Schotterweg, bis wir das bloßliegende Gestein nahe dem Gipfel erreichten. Hier waren die Kabäuschen sorgfältig in die Tiefe gearbeitet, wie in den Boden gefräst, aber fast alle bis zur mittleren Höhe wassergefüllt, grün und schlierig überzogen. Binsen und Schilf hoben sich aus dem Dämmer. In den unterirdischen Räumlichkeiten hausten Frösche, die Wände als Schallverstärker für ihre eintönigen Monologe nutzten, die aus den unbetretbaren Schächten herausechoten. Je länger man ihnen lauschte, desto weniger froschartig klangen die Stimmen. Der Boden selber, wo ihn nicht Kammern und Gräber unterbrachen, war über das ganze Plateau hinweg von künstlichen Rinnen überzogen, die noch einmal durch schräg zu ihrer Richtung verlaufende Einschnitte tangiert wurden: Etwas wie ein rhombisches Muster müßte von oben zu sehen sein, falls man sich wie ein Vogel über die durchlöcherte Fläche erheben könnte. Neben den noch mit Akkuratesse ausgeführten Grüften und sogar auf ihren Oberseiten befanden sich flache, wie beiläufig und gleichgültig verfertigte Gräber, kaum einige Handbreiten vertieft: die der Spätzeit. Der wirtschaftliche Ruin der Stadtstaaten sowie der zunehmende Platzmangel hatten dazu geführt, daß man um die Jahrtausendwende die Leichen nur noch flüchtig und ohne Aufwand beisetzte. An den ärmlichen, bloß noch körpergroßen Mulden, wird das Ende einer Kultur ablesbar, die einst über Epochen hinweg den Menschen die Sicherheit des Seins durch die Garantie einer für die Ewigkeit geplanten Bestattung geboten hatte, und die nun schon lange fort ist, verschwunden, vergangen, ohne daß wir so recht etwas mit ihr anzufangen wüßten.

Sie selber, die etruskische Kultur, war sogar schon auf ihrem Höhepunkt – gemessen an der Umwelt-Entwicklung – anachronistisch geworden und entsprach nicht mehr den »Forderungen der Zeit«, die ihr Nachbar Rom, »Trendsetter« jener Tage, nur allzugut erfüllte, indem er sich zur ersten »richtigen« Weltmacht mauserte. Das charakteristische Wesen der Niedergeworfenen, der Eroberten und zur Abhängigkeit verurteilten Völkerschaften wurde durch das römische Epigonentum überdeckt und ausgelöscht. Alle Originalität, alles Unverwechselbare und Einmalige hatte aufzuhören. Wir, die selber von solchen Geschichtsprozessen gezeichnet und betroffen sind, wenden uns heute, sobald wir zurückblicken ins Gewesene, allen jenen verstehend und mitfühlend zu, die nicht zu den »Siegern« der Geschichte gehören wie beispielsweise die Etrusker. Die Mienen ihrer Statuen, ihrer Sarkophagfiguren lächeln uns auf eine Weise an, die wir entweder nur kunstgeschichtlich und damit überhaupt nicht zu erklären vermögen, oder wir kapitulieren vor diesem Ausdruck, indem wir ihn »rätselhaft« nennen. Es ist aber vielleicht gar nichts anderes als das Merkmal spöttisch-melancholischen Mitleids mit allen Künftigen, unter die auch wir uns zu rechnen haben.

Erinnerungsstücke à la Toskana

Häufiges Reisen in eine Gegend verringert die Distanz, aus der man sie, eben die Gegend, als Ganzes vordem zu erkennen meinte. Wachsende Nähe führt zu Zersplitterung und Detaillierung dessen, was man für einheitlich gehalten hat. So wird das täuschend Bekannte erneut fremd. Und genauso ist es mir mit der Toskana und ihren Städten und Städtchen ergangen. Was sich einprägt und erhalten bleibt, sind Einzelbilder, Ausschnitte aus der Fülle des Gesehenen, des immer wieder Ansehenswerten. Gewiß erscheinen, sobald ich das Wort »Florenz« meinem Gedächtnis antrage, die entsprechenden Panoramen: Ponte Vecchio, Palazzo Vecchio, die Uffizien, Palazzo Pitti, dazu enge Gassen, artifizielles Autofahren, ein Schuhgeschäft, winzig, jedoch von einer schier unübersehbaren Modellfülle des Angebotes und mit einem Inhaber, der uns schon bei unserem zweiten Besuch an unseren, also einstmals seinen, Schuhen wiedererkannte. Eindrücklicher als das alles lebt in mir die »Villa Romana« in der Via Sienese, der Ausfallstraße nach Siena: Hinter hohen Mauern von der Außenwelt abgeschirmt, ein verwunschener Bau der Jahrhundertwende, Aufenthaltsort immer neuer deutscher Künstlergenerationen, eine Geburts- und Pflegestätte von Kunst:

»Die Villa Romana ging 1905 auf Anregung Böcklins durch Max Klinger in den Besitz des deutschen Künstlerbundes über, für den sie als Atelierhaus diente. Im Krieg war das Künstlerhaus unter der Leitung von Hans Purrmann für viele ein Fluchtort, der Schutz vor dem deutschen Terror bot (übrigens versteckten sich auch Juden erfolgreich im Dachstuhl der Brunelleschi-Dom-Kuppel). Es gibt eine ansehnliche Liste bildender Künstler, die in der Villa Romana waren, so unter anderen Max Beckmann, Kolbe, Kollwitz, Barlach, Pechstein, Klimt, Schmitt-Rotluff.«

Sie haben aus denselben Fenstern gesehen wie ich, auf den sanft verwilderten Garten, auf die meist vom Dunst leicht umschleierte Silhouette der Stadt, auf die Wohnhäuser jenseits des Gartens, für immerdar geschmückt mit trocknender Wäsche, auf die ausladenden dunklen Schirme der Pinien. Diese Dinge haben indirekt die Kunst des zugigen und kalten Nordens beeinflußt, ohne daß uns dieser Umstand bewußt wäre. Aber wenn wir nun, mit dieser Kenntnis, die Bilder der Maler betrachten, etwa die Beckmanns, sollten wir da nicht manche Farben der Toskana wiedererkennen? Kehrt nicht der ungeheuerliche Azur des hiesigen Himmels vielfach im Blau Beckmannscher Gemälde wieder? Ich bin dessen ganz sicher, und schon allein durch diesen Umstand habe ich dort weniger Fremdheit empfunden.

Wenn man schon mal in Florenz ist, fährt man auch nach Fiesole hinauf, der Vorgängerin der berühmten Kulturstätte, etruskischen Ursprunges, einstmals gekrönt von einer Burg oder einem Palast, dessen Grundmauern geduldig ein Franziskanerkloster tragen, eine leichte Backsteinbürde. Gemäßigter Verfall rundum. Doch im Erdgeschoß zwischen den zyklopischen Mauern befindet sich eines der seltsamsten Museen dieses an Museen reichen Landes. Es ist, wie soll man es nennen, ein Museum der Erinnerungsstücke, der verlorenen Zeit und nicht zuletzt eines der Vergeblichkeit, denn es enthält, was die Franziskaner als Missionare in aller Welt, hauptsächlich in China, kauften, erbettelten, geschenkt bekamen, um es hier als Trophäen ihrer weitgespannten Tätigkeit stolz auszustellen. Der Stolz ist längst vergangen. Die Sammlung zeigt auch die Geschichte der späteren Verfolgung des Ordens durch Mao Tse-tung und zeigt zugleich, da wir bei einem Espresso im nächsten Ristorante die Zeitungen studieren, das völlige Scheitern der Mission, Menschen mit einer gänzlich anderen Historie, mit gänzlich anderen Traditionen und Werten christianisieren zu wollen: Indiz für die nicht abzuschüttelnde Bürde der Geschichte. Fiesole selber ist so etwas wie ein Denkmal, wie ein aus den Fluten der Ereignisse ragender Stumpf, der von diesen Ereignissen noch immer Zeugnis ablegt. In Kurzfassung:

»Fiesole, Faesula, eine der 12 Bundesstädte Etruriens. Die Römer erlitten hier 225 v. Chr. durch die Gallier eine Niederlage. Sulla kolonisierte Fiesole mit seinen Veteranen. Später wurde es Hauptwaffenplatz Catilinas. Stilicho schlug hier 405 n. Chr. 200000 Vandalen, Alanen, Sueven und Burgundionen unter Radagais. Die Stadt wurde 539 n. Chr. von Belisar belagert und 1010 von den Florentinern eingenommen und zerstört.« Und was, fragt man, ist von all dem, von den blutigen Mühen, den Kämpfen und Leiden auf diesem unauffälligen Globus-Punkt geblieben? Eine »schöne Aussicht«. Florenz zu Füßen, über seine Türme und Dächer hinwegblickend, mochte man gemeint haben, man überschaue die Welt, und daß einem gehöre, worüber man sich derart erheben könne. Geschichtliche Irrtümer resultieren, wie ich fürchte, oft schon aus optischen Täuschungen, welche Selbsttäuschungen nach sich ziehen.

Es gibt in der Toskana zwei Sorten von Ortschaften, ist man versucht, es unzulässig vereinfachend zu sagen. Nämlich solche, von denen man eine schöne Aussicht hat, und jene, die einen schönen Anblick bieten. Exempel für letzteres ist San Gimignano, von manchen Reiseführern, seiner vielen Geschlechtertürme wegen, salopp das »mittelalterliche Manhattan« geheißen. Dieses präsentiert sich eindrucksvoll und grandios, solange man auf den Ort zufährt und er mit seinen mannigfachen Erektionen vor dem Horizont protzen kann. Innerhalb der backofenwarmen Ziegelmauern und auf seinem, vermutlich mit Staubsaugern gereinigten Pflaster, vom Strom der Touristen sowohl umspült wie mitgezogen, kommt man sich wie in einer Kulisse von Cinecittà vor: Gleich springt hinter der nächsten markanten Ecke der Regisseur hervor, um uns als Komparserie (die wir ja auch tatsächlich sind) zu dirigieren. Aus den Bauwerken scheint alles Leben entwichen, und nur die Ansichtskartenindustrie ist allgegenwärtig und läßt aus einzelnen Häusern unaufhörlich ihre Erzeugnisse rieseln. Und man flüchtet, bevor man selber noch zum Souvenir verarbeitet wird.

Auch in Siena gilt es, gegen den Touristenstrom zu schwimmen, den Blick abzuwenden von der ameisenhaften Erscheinungsweise des Homo sapiens, welche eine unbekannte Macht vor den Genuß der Sehenswürdigkeiten gesetzt hat. Man wendet sich einem anderen Siena zu: dem gewesenen, das auf den Fresken im Stadthaus am Campo wie vor der Entdeckung durch Reisebüros erscheint. Es bedarf aber, um in dieses gemalte Gestern einzutauchen, eines Fernglases, durch das dann die populationsärmere Vergangenheit dem Betrachter erfreulich ins Auge sticht, ihn sogar besticht und betört. Welche Entdeckungen sind hier möglich! Auf einer gemalten Balustrade balanciert eine gemalte Katze. Eine Gruppe musizierender Frauen; eine singt mit weit geöffnetem Mund eine Canzone, daß es über die Zeiten hinweg bis zu uns herschallt. Zweidimensionale Straßenhändler verkaufen, wie ihre dreidimensionalen Brüder gegenwärtig draußen, ihren Kram, Früchte, Gemüse, und hinter einem der Verkaufstische reckt sich ein kleines, blondes Mädchen und reicht doch nur mit den Augen über die Tischkante und nicht mit der Nase. Leben in der Toskana und abseits der zu Rummelplätzen degenerierten Städte ist heute wenig anders: Das alltägliche Leben, oder jedenfalls das, was wir so nennen, bietet hier eine Kontinuität dar, eine für uns ungewöhnliche, nicht mit Monotonie zu verwechselnde Gleichförmigkeit, aus der ein inneres Gleichgewicht entstand und wohl noch immer entsteht, daß wir es nicht ohne einen gewissen Neid registrieren können. Aber man kann, wenn man will, noch weiter in die Geschichte zurückgehen, bis zu jenem Punkt, wo sie selber zerfließt und uns Überbleibsel für unsere Spekulationen und Träume zuspielt. Eines dieser Relikte wird für mich sofort sichtbar, wenn das Stichwort fällt, das sich ja von den einstigen Bewohnern ableitet.

Es ist mein eigenartigstes und mich am stärksten beeindruckendes Erinnerungsstück: Es liegt nördlich von Tarquinia und außerdem so verborgen, daß ich mir einbilden kann, außer mir habe es seit undenklichen Tagen niemand in Augenschein genommen. Über mittelmäßige Landstraßen fahrend, machte uns ein Schild auf seine Existenz aufmerksam: »Monumento etruschi«. Ein Nebenweg zweigte ab, nach ein paar Metern in eine staubende Schotterstrecke übergehend: Einem anderen Wagen hätte man nicht ausweichen können, freilich war hier auch gar nicht mit Gegenverkehr zu rechnen. Gebüsch und Grasnarbe begleiteten uns auf die Hügelkuppe, wo ein ebenfalls geschotterter und unbenutzter Abstellplatz den Wagen aufnahm. Einige Schritte unterhalb des »Parkplatzes« hatten die Reste einer etruskischen Akropolis seit über zweitausend Jahren darauf gewartet, daß ich sie betreten möge. Zumindest durfte ich mir die Fiktion glaubhaft einreden: So einsam, so weltverlassen ruhte dieser Platz inmitten der gewellten, weit überschaubaren Landschaft. Gigantische, würfelförmige Blöcke bildeten ein langgezogenes Rechteck, das sich an seiner, dem Tal zugewandten Längsseite mittels ebenfalls enormer Quadern abwärtsstufte. Kaum Spuren von Säulen. Diese exakt bearbeiteten und gefugten Gesteinsmassen ragten nur ein wenig über den Erdboden hinaus und wirkten wie oberflächlich freigelegt. Als hätten die Archäologen angesichts dieses mächtigen steinernen Erbes kapituliert, von dem man sich einbilden mochte, es setze sich unterirdisch in die unauslotbaren Tiefen des Berges, gar des ganzen Felsmassivs fort. Von diesem ausgesucht solitären Platz sah man über das menschenleere Land bis zum fernen Tarquinia, einer vagen Silhouette zwischen dem ununterbrochenen Blau der alles einschließenden Glocke und dem Ocker, dem Braun, den gebrochenen Farben des Kreises, in dem man sich aufhielt.

Unvorstellbar dort hinten der Stammsitz des siebten, des letzten Königs von Rom: Tarquinius Superbus, der Stolze, den die Römer vertrieben, in einer Epoche, welche nun die Konsistenz des Dunstes hat, der die Blickgrenze bildet. Außer einem durch die Entfernung lautlosen, spielzeugkleinen Traktor, der unter mir Furchen quer zum Hügel zog, war nichts als ein Aquäduktrest zu sehen, drei oder vier verlorene und funktionslose Bögen in Talnähe, wie Tore einer verschwundenen Stadt.

Man war allein mit den Geistern einer Vergangenheit, vor der die Fantasie versagte. Etwas wie ein archaisches Ungetüm schlief reglos unter meinen Sohlen, überflutet von Hitzewogen, mit unsichtbaren Schriftzügen von vielen fleißigen Eidechsen versehen, den einzigen Nachfolgern wechselnder Völkerschaften, und vom grünen Gewucher der Pflanzen erneut mit Vergessen bedroht. Da stand die Zeit seit langem still. Jahrtausende: Wie niemals gewesen. Kriege, Machtwandel, Brandschatzungen, Glück, Unglück, Not, Triumph: Ein leichter Hauch über den Boden hin. Ohne den fernen Traktor wäre dieser Augenblick, dieser Anblick dazu angetan gewesen, unsere Zivilisation zu widerlegen und sie in den Status eines reinen Alptraumes zu verweisen, nach welchem man in einer alles und jedes regenerierenden Friedlichkeit erwacht. Licht, Fels, Gebüsch und das kontrapunktische Geraschel einer Schlange im trockenen Gras: Genauso stelle ich mir die Ewigkeit vor – falls ich eine für meinen privaten Gebrauch entwerfen sollte. In der Toskana bin ich ihr begegnet, zumindest ihrem Modell, das sich andernorts gewiß schwerer auffinden ließe.

Und während das am Abhang versunkene Steinwerk nebst Umgebung die Unrast, die Unruhe stillte, den Einklang aller Dinge ahnbar machte, widerfuhr mir in Arezzo das Gegenteilige, und zwar in einem Miniaturmuseum, welches als Wohngebäude im Mittelalter oder in der Renaissance in die

Trümmer der dortigen antiken Arena hineingemauert worden war (nach römischem Vorbild).

Schon im Vorraum empfing uns die berühmte Chimäre, jenes bronzene Fabelwesen mit aufgerissenem Rachen, seltsame Symbiose unterschiedlichster Tierarten, drohend und dem Cerberus gleichend. Nicht sie war das eigentlich schreckensvoll Bedenkliche, das uns begegnete, sondern der Inhalt einiger Glasvitrinen in den beiden Ausstellungsräumen. Umspült von gedämpfter, getragener Musik, einem elektronischen Requiem aus verborgenen Lautsprechern, trat man vor die Exponate. Vor dem Besucher lagen die Überbleibsel der Menschheit, ihre armseligen und einzigen Spuren. Nichts als Splitter und Brocken von ton- und terrakottageformten Köpfen und Gesichtern, als hätte ein mörderisches Geschehen unter den einstmals intakten Gestalten gewütet. Da ein Ohr mit barbarisch beschädigter Kinnlade, dort eine Stirn, auf der sich Locken kräuselten, daneben eine Nase mit Jochbogen und einem Auge, auf den Besucher gerichtet, ohne ihn wahrzunehmen; ein Hinterkopf, weiblich, das lange Haar wohl frisiert und geknotet, manche Miene mit teilweise aufgelöster Oberfläche, so daß körniger aussatzähnlicher Grund hervortrat. Kein unbeschädigtes Antlitz, nur Trümmer: Diese Stellvertretung des Details für das Ganze schuf eine ungeheuerliche und sicherlich beabsichtigte Assoziation: die von der bereits stattgehabten gewaltsamen Zerstörung. Hier seien, so meinte man in dem Moment, die einzigen Indizien für die ehemalige Anwesenheit von Menschen auf dem Planeten aufgebahrt und aufbewahrt, geordnet dargeboten zur Information für Marsianer oder sonstige kleine grüne Männchen aus dem Universum. Bedrückt verließ man das Museum, und wenn es ja auch keine Katastrophe gewesen war, was die Etrusker ereilt hatte, als eine besondere ethnische Spezies verschwanden sie doch, und was sie uns hinterließen, wie in Arezzo, gibt nur undeutlich Auskunft über ihre wirkliche Existenz und diese damit den mehr oder minder überzeugenden Deutungen anheim. Eine böse Ahnung, in ihrem Schicksal sei das unsere vorweggenommen, das gesamtmenschliche, faßlich zu demonstrieren, war wohl die Intention des Kustoden.

Freilich: Solche bösen Ahnungen vermitteln nicht nur Ausstellungen der erwähnten Art: Die Landschaft selber weist unübersehbar darauf hin. Die Olivenhaine sind weithin tot, vom Winter 1984/85 durch ungewöhnliche Kälte fast völlig vernichtet: Neunzig Prozent der Bäume, heißt es, seien erfroren. Hügelauf und hügelab reihen sich graue Skelette, verrenkte, knochige Figuren, abblätternde Rinden, oder Felder, aus denen nur noch die Stümpfe ragen. An den Straßen flackern Feuer, unbrauchbares Gezweig wird verbrannt. Rauch steigt auf: Signal des Abschiedes vom Aussehen einer Landschaft, die wir eines späteren Tages nur noch bedingt wiedererkennen werden. Schon pflanzen die Bauern Sonnenblumen an, zwecks Ölgewinnung: Olivenbäume, man weiß es, benötigen mehr als zehn, fünfzehn Jahre, bis sie zu tragen beginnen, aber was macht man bis zu diesem Zeitpunkt? Nicht allein das Verschwinden der Olivenhaine wird das Land verändern, ebenso der Abgang der Zypressen: Sie, schon zu achtzig Prozent geschädigt, leiden an einer unheilbaren Krankheit, und wenn man mich fragte, ich würde dieselbe als »Fortschritt« diagnostizieren. Wo man geht oder fährt, überall stechen hohe braune Strünke gen Himmel, krepierte Riesen in Erwartung der Kettensäge, die ihre trostlosen Leichname aus der Welt und in den Ofen schafft: Jeder ein Anlaß zu den besagten Ahnungen, die, wie solche Ahnungen stets, nichts bewirken.

Oberhalb Figline Val d'Arno hausend, habe ich das Verschwinden der Bäume mitangesehen, den Klang der Sägen gehört, und bin zwischen den abgestorbenen Hölzern umherspaziert. Geisterhaft wurden sie gen Abend hin und erst in den Nächten, Armeen von entfleischten Kapitulanten, die Arme, sich ergebend, nach oben gestreckt, an abgemagerte

Häftlinge gemahnend, denen man den Garaus gemacht hat. Unverändert und unwandelbar allein das Zirpen der Zikaden, lauter und lauter mit wachsender Finsternis. In solcher Schwärze gleichen die weißgestrichenen Häuser spukgeladenen Kolumbarien. Nirgends Lichtschein hinter den Fenstern oder diese von dichten Läden verschlossen, so daß kein Schein nach draußen dringt. Hundegebell aus der Tiefe des besiedelten Raumes. Nur unten, im Tal des Arno und an den jenseitigen Hängen ein blinzelnder Kosmos. Morgens liegt die Erde ermattet unter dem Dunst, wie nach kulinarischen und sonstigen Anstrengungen des vergangenen Abends. Sobald der Schleier verfliegt, rücken Hügel und Bergrücken, Bauwerke und Fernstraßen näher: Ein visueller Trick der Natur. Und erst nach einer Weile des Hierseins erschließt sich einem das Geheimnis dieser Landschaft: Daß sie nämlich, wie auch anderswo in Italien, unbetretbar ist.

Im Gegensatz zu Deutschland, wo nur selten der Drang ins Botanische behindert wird, merkt man bald, daß es hier gar keine Wege gibt, somit auch kein Wandern. Das Gemälde, welches man ständig vor sich hat, verbleibt in diesem Zustand. Zwar ziehen sich Autostraßen durch die Gegend, solche erster, zweiter, dritter und auch gar keiner Ordnung, aber begehbare Pfade, die irgendwohin abzweigen, existieren nicht. Nirgendwo Spaziergänger. Wo keine befahrbare Schneise hinführt – und meist endet sie gleich in einem Gehöft –, bewegt sich niemand außer einigen Kleintierarten, Insekten, Ungeziefer, das, wie zum Beispiel die Skorpione, von der Sonnenglut geplagt, ins Haus flieht, um auf den kühlenden Kacheln des Schlafzimmerbodens Siesta zu halten und die Fremden zu erschrecken.

Und eines baldigen Tages fragt man sich, ob man hier ständig leben möchte, ständig leben könnte, und mag sich, trotz aller Faszination, trotz aller Hinneigung zu diesem wunderbaren, wunderlichen Land zu keinem eindeutigen

»Ja« entschließen und ebenso zu keinem entschiedenen »Nein«.

Wir verhalten uns wie Zugvögel, kommen und gehen, und nur die allerwenigsten bleiben auf der mediterranen Leimrute für immer kleben.

Brunnen in Rom

Am 10. November 1786 notiert ein deutscher Rom-Tourist: »Die Reste der großen Wasserleitung sind höchst ehrwürdig. Der schöne, große Zweck, ein Volk zu tränken durch eine so ungeheure Anstalt!«

Nach dem Ausrufezeichen wendet sich der Reisende, natürlich kein anderer als Goethe, weniger technikbezogenen Überbleibseln des Altertums zu, um fernerhin nie mehr auf sie zurückzukommen, obschon sie doch zu seiner Zeit ihre Wichtigkeit nicht verloren hatten – zumindest soweit sie unbeschädigt waren und ihren Zweck erfüllten. Als das Imperium längst untergegangen war, zogen sich Reste dieser gigantischen Gebilde aus der Landschaft in die Stadt. Selbst das gegenwärtige Wasserleitungsystem – schreibt H. V. Morton in »Die Brunnen von Rom« – sei nur eine Nachbildung des antiken. Die Rekonstruktion begann bereits in der Renaissance unter den Päpsten, die sich durch Wiederherstellung dreier Aquädukte bei den Römern beliebt machten.

Wasser unterschiedlicher Herkunft, heißt es weiter, »vereinigen sich nirgendwo miteinander«. So hielt man es schon in der Antike: Jeder Bezirk erhält sein Wasser aus einem gesonderten Aquädukt, mit dem Ergebnis interner Debatten über die jeweilige Qualität zwischen den Beziehern. Der britische Historiker hält es für exzentrisch, daß eine Nation von Weintrinkern über den unterschiedlichen Geschmack von Wasser sich ereifere. Vielleicht hat seine Zunge keine Unterschiede bemerkt. Uns jedenfalls erscheint es anachronistisch, wenn Passanten sich unter den sprudelnden Strahl eines Brunnens beugen, um davon zu trinken. »Vorsicht, Gift!« sind wir zu rufen versucht, da wir um den Zustand unseres heimatlichen Wassers Bescheid wissen. Und mit diesem Bewußtsein, doch getrieben von überwältigender Neugierde, fast wie einstmals ein frisch entdeckter Papua ein

Flugzeug bestiegen haben mag, folgen wir dem Vorbild. Eine Verneigung ist die Voraussetzung, denn der Hahn an den kanonenrohrartigen Wasserspendern sitzt ziemlich tief: Mit der flachen Hand wird der Ablauf gesperrt, und sogleich schießt aus einem feinen Loch auf der Krümmung ein dünner Strahl, den es mit dem Mund einzufangen gilt: artistische Übung, die einiges Training verlangt. Dann aber schmeckt man Wasser, Wasser ohne jeden spürbaren Zusatz. Man darf auch noch das Gesicht befeuchten und sucht anschließend vergeblich nach dem Abstellknebel. Das Wasser fließt Tag und Nacht, unaufhörlich – bis jetzt jedenfalls. Es kann übrigens auch gar nicht abgestellt werden. Eine Erfahrung, welche wir, wie Morton schreibt, mit Horaz und Plinius teilen. Für die antiken Ingenieure erfüllte das »importierte« Wasser eine doppelte Funktion: Der Stadt das lebenserhaltende Naß zu liefern und, indem es durch die Straßen und Kanalisationen permanent ablief, reinigend zu wirken und damit der Metropole die Gesundheit zu erhalten.

Noch etwas anderes als die vermeintliche Kühnheit von Wassertrinkern bemerkt der Gast aus nördlichen Breiten, für den Brunnen eher ein Bestandteil deutschen Volksliedgutes sind als praktische Realität, weil der tatsächlich genutzte Brunnen diesseits der Alpen längst unserer Industriezivilisation zum Opfer fiel: Die römischen Brunnen – und ich rede hier nicht von den berühmten Exemplaren der Kunstgeschichte – erfüllen immer noch eine Reihe von Funktionen, die ehedem auch die unseren vor dem Tore am Vaterhaus innehatten. Inzwischen sind sie zu Mittelpunkten von Fußgängerzonen geworden, bloß noch Dekoration einer schlechten Inszenierung aus purem Beton oder musealem Fachwerk. Hingegen in Rom holt man in Literflaschen Wasser zum Kochen und Trinken, falls die Leitung in der Küche nur Wasser aus dem Reservoir liefert. Beneidenswerte Römer besitzen in ihrer Wohnung zwei Zapfstellen; aus der besseren läuft, was direkt von den Apenninen kommt und dort Schnee und Regen war, bevor es, durch vulkanisches Tuffgestein gefiltert, in der Stadt eintrifft. Die alten Zuleitungen klassischen Ursprungs sind die Acqua Vergine Antica, restauriert 1453, die ihren einstigen Namen, jungfräuliches Wasser, beibehalten hat; die Qualität dieser Leitung soll jedoch nachgelassen haben. Ebenfalls antik: Acqua Felice, 1586 repariert, sowie Acqua Paola, wiederhergestellt 1611. Letztere ist untrinkbar und speist die Fontänen des Vatikans.

Von weither kommt das natürlichste aller Reinigungsmittel: Acqua Vergine Antica ist rund 15 Kilometer entfernt, Acqua Felice etwa 25 und Acqua Pia Antica Marcia gar über 60. Am beliebtesten ist das Wasser der Acqua Peschiera und der Acqua Pia Antica Marcia, gefolgt von Acqua Felice und Acqua Vergine Nuova.

Die gußeisernen Röhrenbrunnen verhelfen kostenlos und willig dem Obst und Gemüse auf den Märkten zu frischem Aussehen; ohne sie welkte nach kurzen Stunden der Grünkram dahin; unter dem belebenden Gesprudel erweckt die vitaminische Vielfalt den Anschein, sie sei eben erst geerntet worden. Immer erneut wässern die Standbesitzer ihre Ware an der Quelle in Reichweite.

An einem Brunnen in der Villa Borghese hat ein älterer Mann seine Hemden gewaschen und sie zum Trocknen über Büsche ausgebreitet. Danach säubert er sich selber gründlichst, was niemanden, der vorbeigeht, zu verwundern scheint. Oder jener junge Mann in der stillen Via degli Staderari, der mit einem Glas in den Fingern erschien, um es an einem der seltsamsten Brunnen zu füllen: In einem rückseitig verschlossenen, romanisch gewölbten Torbogen hat der Bildhauer vier gigantische Bücher aufgestapelt, zwei rechts, zwei links, und sie in der Mitte durch einen toten Hirsch voneinander getrennt. Das Wasser entspringt den Lesezeichen der unidentifizierbaren Folianten, deren tatsächliche

Modelle nur der Kopist kennt, der sie in Stein übersetzt hat. Was mögen sie bedeuten? Heilige Schriften? Oder nur Lehrbücher des Jagdwesens? Möglicherweise: Denn wer im Lexikon nachschlägt, findet den eingemeißelten Namen Eustachius wieder: als den eines Märtyrers, der im Jahr 117 den Tod erlitt und später in Italien zum Schutzheiligen der Jäger avancierte. Aber den jungen Mann mit dem Wasserglas kümmern die alten Geschichten wohl weniger: Ihn plagt kein Wissensdurst, sondern ein höchst realer.

Andere Brunnen, wie der an der Piazza Barberini, aber nicht der zentrale mit dem Triton mitten auf dem Platz, sondern ein unauffälliger an einer der Platzzufahrten, zeigen mehr Text. Aufgrund seiner Großzügigkeit, behauptet Papst Urban VIII. in der Inschrift, habe er zum Schmucke der Stadt dieses Quellenmonument gestiftet. Der große Barock-Bildhauer Giovanni Lorenzo Bernini hat es 1644 gemeißelt. Eine mächtige Muschel wie ein aufgerissener Rachen, nahe dem Gelenk drei Insekten, Bienen, aus dem Familienwappen des Papstes und zu einem horrorhaften Beiwerk geworden, da die drei Geschöpfe, von ständiger Feuchtigkeit sacht zersetzt, in Farbe und Aussehen einem wie aus Knochen gebildet vorkommen. Unmenschliche Akteure aus einem Science-fiction-Film bewachen das klar durchwallte Bekken, auf dessen vorspringendem Sockelstein erschöpfte und furchtlose Spaziergänger oder beschäftigungslose Bürger der Urbs aeterna Platz nehmen, ohne dessen zu gedenken, dem sie den kühlenden Sitz verdanken.

Nur die größeren, auf Plätzen oder zumindest raumgebenden Straßenbereichen errichteten Brunnen bieten manchmal solche Möglichkeit des Ausruhens; die kleineren in Gartenhäusern, Durchgängen, Höfen, engen Gassen oder die direkt in die Häuserwände eingearbeiteten Brunnen können nur benutzt und bewundert, nicht jedoch als Etappen auf der ermüdenden Sightseeing-Tour genossen werden. Ihre Aufstellungsorte liegen oftmals versteckt, während andere an Verkehrsknotenpunkten angesiedelt sind, wie etwa die vier Brunnen in der nach ihnen benannten Via delle Quattro Fontane. In den der Kreuzung zugekehrten Eckhäusern befinden sich Gebilde, von den Auswirkungen des Automobilismus schwer mitgenommen, ja, es ließe sich sagen: von den Verkehrsteilnehmern absichtslos neu bearbeitet und damit in Mahnmale der Zerstörung verwandelt. So haben die kapellenartigen Einbuchtungen, in denen es vor Allegorie wimmelt, bereits Grottencharakter angenommen. Das lichte Grau der Bildwerke an den oberen Flächen ist schwärzlich überzogen und kränklich verkrustet. Eine der männlichen Figuren – sie verkörpert den Tiber – erwartet ihr Ende neben der Kirche San Carlo; ihr gegenüber an der anderen Straßenecke etwas wie ein Flußgott, und diagonal zu ihm eine anscheinend in Schlaf versunkene oder abgasvergiftete Dame. Eine zweite hingegen hat den Schlummer noch vor sich, im Augenblick, so scheint es, naht sich ihr aus dem Hintergrund begierig Zeus als Schwan. Doch weit gefehlt, die Kunsthistoriker belehren uns, daß da nicht die schöne Königstochter Leda ruht, sondern »Fortezza«, die Verkörperung der Stärke, die sich durch einen gekrönten Löwen ausweist. Hier wird erzählt und beschworen und symbolisiert, daß es eine Augenlust ist, der barocken Gestaltungsfülle zu folgen. Darstellungszwang, ungebändigt, der, wie eben im Barock, Allegorisches aufeinanderhäuft, bis sich die einzelnen Bestandteile des Gemeinten gegenseitig neutralisieren und das Ganze vielsagend wird und endlich zu einer Aufgabe für Decodierer.

Eigenartig, wie Brunnenbau dazu anregt, das nur Funktionale mit Bedeutung auszustatten, die der Betrachter sich selber zu erschließen hat. Doch weil häufig die verwendeten Symbole zeitverhaftet sind und nur eine mehr oder minder lange Zeit Allgemeingültigkeit besitzen, entziehen sie sich eines Tages unaufhaltsam dem Verständnis und werden rätselhaft. Noch ist uns klar, sollten wir durch die Villa Borghese wandeln, daß jene zutiefst dekolletierte Dame inmitten des kreisrunden Bassins niemand sonst sein kann als die Tochter des Pharao. Weil das steinerne Knäblein im Weidenkorb, das da zu ihrem sichtlichen Erstaunen vor ihr auftaucht, kein anderer sein dürfte als der kleine Moses.

In der Via della Conciliazione leistet der Ort Hilfestellung bei der Interpretation. Im Blickfeld des Petersdomes liegt »Pierdonati«, ein Restaurant, frequentiert von frommen, durch ihre Kleidung als solche kenntlichen Leuten, die kaum noch auf die beiden kleinen Brunnen an der Fassade achten. Unter antikisierendem, doch unterwärts offenem Giebel hockt der Aar, sichtlich verwandt den Feldzeichen der Legionen, auf einer mehr barocken Muschel, aus der ein Drache anstatt Feuer friedlich Wasser speit. Zeigt sich hier, an dieser modernen Via sacra, der Triumph über das Böse, gar über den Bösen, den der Drache verkörpert?

Je mehr man sich mit den Brunnen befaßt, desto merkwürdiger und geheimnisvoller werden sie. Auch weil sie oftmals von Accessoires begleitet werden oder sich in Umfeldern befinden, die ihre Eigentümlichkeit steigern: Das dümmlich dreinschauende Mädchenantlitz in der Via Giulia, dem das Wasser geteilt über die Unterlippen rinnt, wirkt wie eine sabbernde Wahnsinnige oder Besessene, flankiert von Teufelsköpfen, welche man erst richtig wahrnimmt, wenn man sich dem Brunnen von der Seite nähert. Hinwiederum war der mit einer vorn gespitzten Mütze bedeckte Schädel, der am Largo San Rocco aus einer Muschel ragte wie aus einer Guillotine und die dementsprechende Miene zeigte, mit einem Stück Seife ausgestattet, mittels dessen ich mir unter dem entsetzten Gesicht die Hände wie in Unschuld wusch.

Manche der »Mascherone« scheinen erst nachträglich für ihren augenblicklichen Zweck umgearbeitet worden zu sein, wie das teils archaisch, teils persisch aussehende Haupt im Hofe der Kirche »San Silvestro in Capite«, da das Wasser einem deutlich geschlossenen Mund entströmt; ein uraltes

Schädelstück, hemmungslos und naiv einem Zweck zugeführt, für den es kaum gedacht war. Auf gleiche barbarische Weise sind die Wände des Kircheninnenhofes übersät mit antiken Abfällen, figürlichen oder nur Buchstaben tragenden Plattenresten, alles in den Putz gemauert in sinnlosem Durcheinander, das der blinde Blick des zum Wasserspeien Degradierten nicht wahrnehmen muß. »Spolien« – wörtlich: Beutestücke – heißen solche Brockensammlungen, mit denen weltliche und geistliche Fürsten ihre Bauten veredelten, Kontinuität seit der Antike und damit zugleich ihren Machtanspruch demonstrierten.

Andere menschengesichtige Wassermänner dienen nicht nur dem Durst oder dem Reinigungsbedürfnis, sie sprengen auch Gärten wie der an der Piazza Pietro d'Illiria hoch über den Dächern von Rom. Durch einen Schlauch wird aus dem Becken Wasser für einen Park abgezogen. Und vor seinen friedfertigen Zügen geschah, was sonst wohl verboten ist, da alle Karosserien dicht mit Staub überzogen sind: Ein Auto wurde gewaschen. Trotz des nirgendwo knappen Wassers: Kein Wagen zeigt gesäubertes Blech. Das »Lebenselixier« ist viel zu schade dafür.

Im letzten Hof des Palazzo Mattei di Giove, der mitten im alten Ghetto liegt, erwartet den Neugierigen an einer efeuüberwachsenen Mauer eine stark stilisierte, an etruskische Gorgonen erinnernde Fratze. Man muß die Ranken zur Seite schieben, um in diese leeren Augenhöhlen blicken zu können, auf diese Tierschnauze anstelle des Mundes. Ohren und Haar umrahmen als Ornamente das flächige Gesicht. Das Wasser fällt, wie bei überraschend vielen dieser kleineren Brunnen, in einen Sarkophag. Möglich, daß man die eigentliche Funktion der haltbaren Särge schon nicht mehr genau kannte, da man sie als Tröge installierte. Denn das Vergessen der eigenen Vergangenheit hatte Rom lange überwältigt und dazu geführt, daß sein gegenständliches Erbe als Steinbruch behandelt wurde, als Rohstofflager und Fundus, aus dem man sich nach Belieben bediente. So stößt man an vielen Stellen immer wieder auf reliefbedeckte Kästen, die statt in einen Hof in ein Museum gehören, wie der im Vicolo dei Marchieni, wo auf der Frontseite des einstigen Totengefäßes ein von der Witterung zernagtes Paar die eheliche Bindung über den Tod hinaus fortsetzt. Ach, alle diese Brunnen mahnen uns auf ihre Weise an die Ewigkeit.

Aus dem verschwärzten Gemäuer der »Banco di Roma« in der Via Lata beugt sich »Il Facchino«, ein Wasserverkäufer mit luetisch zerfressener Nase, aus dessen Fäßchen Flüssigkeit in das dazugehörige Becken fließt. Noch eine Million Vorbeifahrten, und sein Aussehen wird sich dem der ihn umgebenden roh behauenen Quader so weit angepaßt haben, daß man in ihm nicht mehr den freundlichen Mundschenk wiedererkennt. Schon heute zieht sich seine Gestalt immer weiter ins Material zurück, in welchem er eines schlimmen Tages gänzlich verschwunden sein wird.

Oder jener bequem ausgestreckte Steingreis, ein antiker Silen, den der Volksmund schon vor Jahrhunderten als »Babuino«, als Pavian, verspottete und nach dem bis heute die Straße heißt, die er ziert: Via del Babuino. Er hatte früher einen sicheren Platz: Im Hofe des Hauses Nummer 51, wo jetzt nur noch eine Diana mit dreibeinigem Hund über einem trockenen Ausguß der Rückkehr des Wassers vergeblich harrt. Hier, hier hat der Alte geruht, erfahren wir, und dann hat man ihn nach draußen gebracht, auf die Straße, und da liegt er nun, ausgesetzt dem Schwefeldioxid, den Abgasen, der Säure, und sieht seiner Auflösung entgegen. Sind wir diesem Gesicht nicht in Museen begegnet, in Bildbänden oder bloß unter den in langen Schlangen anstehenden Leuten in der städtischen Pfandleihe, die, wie könnte es anders sein, ebenfalls durch einen prächtigen Brunnen verschönt wird.

Von den römischen Brunnen bin ich geneigt zu sagen, sie würden, analog zu den Römern selber, durch Individualität gekennzeichnet, ja, beinahe durch Persönlichkeit, die sie unverwechselbar macht und ihre Herkunft aus einem vorindustriellen Zeitalter offenbart. Selbst ein ärmlicher Brunnen wie der in der Via de Barbieri auf dem Hof eines Gebäudes aus dem 19. Jahrhundert weist seine subjektive Machart vor. Eine ehemalige Fensterumrahmung, steinerner Rundbogen von irgendwoher, ein grob behauenes kübelartiges Becken, auf dem Rand ein länglicher, ungefüger Klotz, der Schultern und oberen Thorax andeutet, darüber die bärtige Larve, aus der stoßweise, fast ejakulativ das Wasser dringt. Hinter den Brunnen tretend, entlarvt sich einem das Antikisierende als pure Kulisse, da die Rohre, Abzweigbuchsen und Abstellhähne offenliegen: Theater, Täuschung, aus unerfindlichem Grunde. In einem deutschen Hinterhof stünde der Zapfhahn unkaschiert und nackt aus der Wand oder aus dem Boden. Warum hier diese von Arbeit und Mühe sprechende Verkleidung? Weil wohl in Italien, insbesondere in Rom, nach zahllosen Zyklen menschlicher Erfahrung, das Leben selber zum Schauspiel geworden ist. Diese Einstellung zum Dasein als dem Inszenierungsbedürftigen drückt sich nicht zuletzt in den Brunnenbauten aus, und daher verbindet sich mit ihrer Erscheinungsweise etwas, das man mit einem großen Wort »Das Existentielle« heißen müßte, was es ja im tieferen Sinn auch ist. Und was aus diesen Mäulern und Mündern, Schnauzen und Rachen träuft, tropft, rieselt, rinnt, spritzt und sprüht, ohne daß jemand dem eine besondere Aufmerksamkeit schenkt, ist unsere eigene wesentliche physische Substanz. Insofern ist das Bibelwort, daß wir von Erde seien und wieder zu Erde würden, ein gutgemeinter Irrtum. Wir, zu 60 Prozent aus Wasser bestehend, also ziemlich liquide, verrinnen nach dem Ablauf unserer Tage unaufhaltsam. Darin gleichen wir der Zeit. Ja, sogar in gewisser Hinsicht den Wasser-Uhren, von denen in Rom noch einige vor sich hin modern. Auch sie: Mechanismen, von Wasser, ihrem »Lebensspender«, durchflutet und in Gang gehalten. Dreht man ihnen den Zufluß ab, bleiben sie stehen. Nirgendwo sonst trifft man vermutlich noch auf diese eigentümliche Symbiose von Natur und Technik, wobei letztere beinahe biologisiert erscheint. Das Wasser stürzt unaufhörlich in kleine Schöpfkellen, welche die Räder bewegen, aber da das Wasser keineswegs keimfrei ist, beeinflußt es die von ihm angetriebene Apparatur: Die schützenden Glasscheiben sind von zartem Algengrün gerändert, Metallteile verrostet, der Stein zerfressen, bewachsen und von der Nässe gezeichnet. Hinter einer Toreinfahrt in der Via del Gesù verschränken sich solcherart die Epochen mit der Vegetation auf verrückt-eklektizistische Manier. Links und rechts flankieren gräzisierende, korenartige Halbsäulen mit ionischen Voluten am Kapitell die Maschinerie und tragen zugleich zu ihren Häuptern die nach römischem Muster geschaffenen Büsten zweier Männer, von denen kaum anzunehmen ist, sie seien die Eigentümer des Anwesens, über dessen Pflaster sie hinwegsehen.

Wahrscheinlich nimmt kaum ein Römer noch wahr, was unser Interesse fesselt: die Vielfalt der Brunnengesichter, hinter denen man oft die einstige Realität von Modellen ahnt. Und wenn wir über die trödeligsten Märkte streifen, in irgendeiner Ecke läßt sich häufig ein Stand entdecken, der standardisierte, verkleinerte Kopien solcher medusenhaften Masken feilhält. Schleppt sich da eine Tradition durch die Zeiten, deren mythischer Ursprung, nämlich der Glaube an Quellnymphen und Flußgötter, vergessen wurde? Unkenntlich gewordene Sage, ein unverständlicher Gruß aus fernsten Vergangenheiten. Im Gegensatz zu Deutschland, wo Gartenfreunde Brunnen- und Teichfiguren in Form von Fröschen, Fischen, Enten und allerlei sonstigem Getier bevorzugen. In diesen wie in jenen italienischen Fabrikaten steckt eine Schicht, auf der in unsichtbarer Schrift die Geschichte der Völker eingeschrieben steht, ihre Träume und Alpträume, ihre Fantasien und Ängste: In Rom sind sie, obwohl versteinert und reglos, von einer geheimen Vitalität, weil das immer noch gültige Symbol des Lebens, das Wasser, sie durchdringt.

Ansichtskarten leicht lädiert

Aus aktueller Antike Zwischen Torre del Greco und Torre Annunziata besitzt die Küstenstraße, dieser asphaltierte Weg zwischen Himmel und Wasser, das ganz tief unten ignorant vor sich hin glänzt, eine Ausbuchtung, auf der man parken kann, wenn nicht gerade Obst- und Gemüsehändler ihre Produkte dem Abgas darbieten. Hier steht man, nach längerer Fahrt pausierend, um auf die im Dunst endende Weite des Golfo di Napoli hinauszuschauen, auf eine ebene Fläche ohne jede Regung. Sich dieser Reglosigkeit innerlich anzugleichen, verhindert die Tatsache, daß gerade zwei eifrige Carabinieri eine autofahrende Familie auf diesen Halteplatz beordert haben, um uns unverständliche Überprüfungen vorzunehmen. Und noch etwas anderes lenkt von der großen Ruhe ab, die doch Aufmerksamkeit fordernd vor dem Betrachter liegt: eine Art Burg oder Festung, deren Anblick zwar eindrucksvoll ist, aber einer gewissen Unheimlichkeit nicht entbehrt.

Auf einem Felsenvorsprung über dem Meer, auf gleicher Höhe mit uns, wirkt das weißliche Bauwerk gegen die Bläue des Himmels kalkig und abstoßend. Gekrönt ist die leere und gespenstisch verlassene Anlage von zwei überdachten Türmen mit Fenstern. Die Gebäude zeigen Schäden, Mauerdurchbrüche, Dachlücken, fehlende Fenster, und von den Innengebäuden hinter den hohen Mauern schieben sich – wie die Teleskopkorridore auf Flughäfen – zwei eckige Röhren über die Straße hinweg und in den Berg hinein. So fremdartig kam mir noch nie ein Bauwerk vor, so science-fiction-artig, als handele es sich um eine aufgegebene Verteidigungsanlage von außerirdischen Wesen. Aber die Fremdartigkeit rührt wohl nur daher, daß die Landschaft die schweigende Größe einer uns immer unvorstellbarer werdenden fernen Vergangenheit einschließt und wachruft, jenes Gebäude hingegen nichts anderes ist als eine stillgelegte Zementfabrik, die einstmals der sichere Instinkt für den unüberwindlichen Kontrast hierhergesetzt hat.

Sic Transit Gloria Mundi Fast am Ende der nördlichen Golfküste liegt eine Ortschaft, deren Name; oder vielmehr deren schlechter Ruf, durch die ganze Antike hallte: Baiae. Nicht ohne einen Unterton von Entrüstung meint unser Lexikon: »Marius, Piso, Pompejus, Julius Cäsar, Antonius, Lucullus, Varro u. a. hatten hier Landhäuser, die den Sitz des üppigsten Luxus bildeten. Horraz zog Baiae allen Orten der Welt vor; Seneca warnt vor diesem Badeort, wenn man Herr seiner Leidenschaften bleiben wolle. Denn öfters wird B. als eine Stätte der Wollust und Üppigkeit geschildert; Seneca nennt es geradezu eine Herberge des Lasters.« Letzteres sucht der Reisende heute vergebens, und auch die Bauten der aufgezählten »Großen« sind vom Erdboden verschwunden. Reste von Thermen, wie mit dem sie tragenden Fels verwachsen, staffeln sich hügelan; mächtige Trümmer von Tempeln beweisen immerhin, welche Bedeutung der Ort einst hatte. Der Nachlaß des Venustempels, ein turmartiger riesiger Stumpf aus rötlichem Ziegelwerk, wacht über die Einfahrt zum Hafen, von dessen Pracht und Herrlichkeit nichts geblieben ist als ein blauuniformierter, goldbetreßter Hafenmeister, der auf die Frage nach einem Parkplatz entrüstet den Verdacht von sich weist, ein Parkwächter zu sein. So stellen wir den Wagen unter den Schutz der Venus und an das hohe Gitter, das ihr ehemaliges Haus abschirmt. Noch bevor hier römische »Wollust« herrschte, war dieser Hafen der Hafen der berühmten ersten griechischen Siedlung auf italienischem Boden: Cuma. Heute rosten zwei Dampfer mittlerer Größe am Kai vor sich hin, wohl eher Küstentransporter, und auf der kaum bewegten See dümpeln ein paar Fischerboote. Die meisten jedoch ruhen kieloben auf der Mole, bunte hölzerne Gefährte, die von alten Männern repariert und neu gestrichen werden. Parallel zur Mole verläuft eine Reihe bonbonfarbener einstöckiger Häuschen, die kaum bessere Tage gesehen haben und nichts von Nero und seinen hiesigen Besuchen ahnen: »Sobald er ... am Golf von Baiae vorbeisegelte, wurden jedesmal bestimmte Stellen des Ufers eingerichtet, wohlausgestattete Lusthäuser, wo selbst vornehme Frauen die Wirtinnen machten und bald hier, bald dort ihn zu landen einluden ...« Soweit der römische Schriftsteller Sueton.

NAPOLI: TANGENZIALE Vielfach überbrückt und umgittert: die Autostraße durch das Weichbild Neapels, das selber nie oder doch nur bruchstückhaft sichtbar wird. Keine Stadtautobahn üblicher Art, vielmehr eine verwunderliche Darbietung unerwarteter Gegensätze. Während das Betonband unter dem Fahrer wegläuft, andere Wagen an ihm vorbeirasen und er angsterfüllt und lärmend durch Unterführungen jagt, neigen sich Pinien friedlich über die motorisierte Hast, strecken mächtige Kiefern ihre Äste über uns Ruhelose. Und immer wieder erscheinen im Blickfeld freundlich verfallene Häuser, die Archetpyen des italienischen Südens, mit ausgebleichten flachen Ziegeldächern, einstmals auffällige Fassadenfarben, vom grellen Licht ausgesogen und abblätternd; die hölzernen Fensterläden gegen die Sonne halb geschlossen, als hielten dahinter tatsächlich Menschen ungestört Siesta, taub gegen das unaufhörliche Dröhnen des Verkehrs oder an ihn gewöhnt. Staub oder Asche vom letzten Vulkanausbruch wirbelt im Sog der Fahrzeuge. Papierfetzen, Abfälle; Autowracks am Straßenrand: ausgeschlachtet, ausgeraubt, von ihren einstigen Besitzern längst vergessen. Dann wieder wirre und verschlungene Zufahrten auf Betonpfeilern, in Kurven und Schwüngen übereinander, Modell Manhattan. Sie verstellen den gewellten Horizont, hinter dem die Götter zu wohnen pflegten, bevor sie Autofahrer wurden. »Wie alles durcheinanderströmt und doch jeder einzelne Weg und Ziel findet. In so großer Gesellschaft und Bewegung fühl ich mich erst recht still und einsam; je mehr die Straßen toben, desto ruhiger werd ich.« So kommentierte Goethe am 17. März 1787 den neapolitanischen Straßenverkehr.

GESTEIN Sobald man absieht von den Gegensätzlichkeiten einer für den Trost wenig geeigneten Zivilisation und sich dem zuwendet, was immer da war, Gewässer, Gewächse und Felsen, empfindet man beruhigend die Dauer naturhafter Dinge. Zwischen dem Gemäuer einer antiken Villa, das sacht in den Urzustand zurücksinkt, steht die Zeit still. Die Steine sind von der Sonne erhitzt, so daß sie sich unter der Hand wie belebt anfühlen. Drückende Wärme in dem Quadrat der Wände, die den Eindruck machen, als seien sie über Jahrhunderte hinweg immer tiefer in den Boden gesunken. Selbst die Eidechsen verharren erstarrt und reglos. In den Wipfeln der ihre Arme weit ausspannenden Kiefern spürest du kaum einen Hauch. Tief unten in der Bucht reflektiert das Wasser das Licht und zwingt die Lider zum Spalt zusammen. Einsamkeit: Und alle Historie fällt von dir ab, die Schichten von Dreck.

So könntest du vor undenklichen Tagen auf dem zernarbten Felsen gehockt haben, den Blick hinaus und hinunter gerichtet, wo winzig unter weißem Segel Odysseus vorbeizog, genau hier, vor *Surrentum*, Sorrento, Sorrent, das, wie ein unbestätigter philologischer Glaube meint, seinen Namen von den Sirenen erhalten habe, deren Gesang von hier aufs Meer drang, um die Seefahrer anzulocken; Mythe, die unter solchem strömenden Licht, auf solchem Auslug zur begreifbaren Metapher wird, die nichts anderes besagt, als daß diese Küste selber die Verlockung darstellte, vor der sich die Vorbeisegelnden zu hüten hatten. Darum auch und keineswegs zufällig wird der Platz der Sirenen verschiedenen Stellen des Golfes zugeordnet. Um den Zauber, der das Kennzeichen der ganzen Region ist, bildhaft zu benennen.

Armut und grober Glanz von aussen Noch einmal Baiae, das sich längst Baia schreibt: Es wird von einer gewaltigen Zitadelle überragt, die zur Kleinheit des Ortes in einem grotesken Mißverhältnis steht. Erbaut von den Spaniern, diente sie einst der Sicherung spanischer Herrschaft über Teile Italiens. Ihre vieleckige, ausgedehnte Silhouette vor dem leuchtenden Himmel lädt ein, sie aufzusuchen. Ihr Tor steht offen, doch besichtigen darf man sie nach Auskunft eines Passanten nicht. Trotzdem fahren wir ein: durch ein breites Tonnengewölbe, in dem rechter Hand an einer Tür ein Schild mit dem verheißungsvollen Wort *custode* hängt, ohne daß jedoch der so Bezeichnete in Erscheinung träte. Hinter dem mächtigen Wall öffnet sich ein Platz, bestanden mit alten Bäumen, blühenden Büschen und Blumen und einem Weg, der zu einer Rampe führt, auf der man hoch hinaus möchte, um die Aussicht noch zu erweitern. Rechter Hand dieser endlosen Rampe begleitet den Besucher eine Brustwehr, über die hinweg Küste und Meer, Licht und Bläue, Schiffe und Möwen, Felsen und Untiefen sich immer besser übersehen lassen. Linker Hand der Rampe niedrige Bauten in desolatem Zustand; vergitterte, aber zerschlagene Fenster, abblätternde Farbe, dann: eine offenstehende Tür, aus der Radiomusik und Stimmen dringen. Hier fragen wir noch einmal um Erlaubnis zur Besichtigung. Nach wenigen Schritten erscheint jemand hinter uns, um uns als unerwünschter Cicerone zu begleiten. Er tritt uns voran durch Türrahmen ohne Türen, steigt über faulende Matratzen hinweg und ignoriert Räume, in denen sich zerbrochenes Mobiliar stapelt. Aus dem Kopfsteinpflaster ansteigender Wege und Treppen wuchert wilder Pflanzenwuchs, aus nicht mehr einsehbaren Ecken sprießt Gebüsch, Scharen von Eidechsen huschen irgendwohin davon: Sie erscheinen als die wahren Herren der Festung. Unser Führer weist auf Risse im Mauerwerk der kerkerartigen Aufbauten: Male des letzten Erdbebens. So erreichen wir die oberste, fußballfeldgroße Plattform, auf der uns wütend kläffende Hunde entgegenstürzen, um sogleich von Frauen, die aus den Türen kasernen- oder barackenähnlicher Flachbauten treten, zur Ordnung gerufen zu werden. Wäsche ist zum Trocknen aufgehängt, ein paar Kinder spielen verloren auf der besonnten Fläche, über die wir zur Brüstung gehen, um einer Aussicht teilhaftig zu werden, deren Kontrast zur Trostlosigkeit hinter unserem Rücken überdeutlich ist.

So begnadet und einmalig ist die Landschaft ringsum, daß man Goethe nur zustimmen kann, der angesichts dieser Vedute schrieb: »Mir ist schon genug, daß ich das Bild in der Seele habe, und mag nun wohl gelegentlich wieder in das Bergland zurückkehren ...« Im zögernden Verklingen dieses Satzes liegt das aufseufzende Sichabwenden von diesem Anblick, von dem man im ersten Moment weiß: Er ist unvergeßlich. Freilich: Das Bild des Elends und der Armut, zu dem man sich nach traumverlorenen Sekunden umwendet, bleibt ebenso in der Seele, und der Kopf will nicht begreifen, wie das Grandiose der Umgebung mit der Kärglichkeit hierher versetzter Existenzen in Übereinkunft steht.

»Bellevue Syrene« Nicht, weil sich die schöne Aussicht mit der gesanglichen Verlockung im Namen vereint oder weil Fassbinder in den Räumen einen Film gedreht hat, war uns dieses Hotel empfohlen worden, sondern wegen seiner Altertümlichkeit und wegen seiner ruhigen Lage: Beides erwies sich als der Empfehlung entsprechend. Einst 1720 als Villa erbaut, wurde der Gebäudekomplex mit dem blumen- und pflanzenreichen »Patio« 1825 zum Hotel erweitert: Zwischen den zartfarbig gestrichenen, mit zahlreichen Bildern bedeckten Wänden lebt ein Hauch des 19. Jahrhunderts, anheimelnd und museal zugleich. Sein Standort ist, wie bei seinen Nachbarn, der Felssturz der Tuffsteinküste: unter der Doppeltür des schmalen Balkons geht es beängstigend steil und tief abwärts, vor sich hat man nur die Weite des Golfs und gegenüber den Vesuv mit dem hellen Band der Bebauuung zwischen Wasserfläche und Bergmassiven. Wagt man sich bis zum Geländer vor, erblickt man unter sich ein schmales Strandstück sowie Anlegestellen für Boote, auf denen sich winzige Figürchen sonnen. Man ist dem Himmel näher als der Erde, wie in einem Schwalbennest, zwar flügellos und doch erhoben. Eine Treppe tiefer befindet sich Historie und nicht zuletzt auch Literatur: »Wenn man«, so liest man neugierig, »auf einer Straße unterhalb des Hotels Bellevue Syrene hinabläuft, gelangt man zu einem Fels, auf dem sich Reste römischer Bauten erheben, die das Gewölbe einer Grotte tragen. Es sind die Ruinen des Venustempels, in dem Vergil während seines Aufenthaltes in Surrentum zusammen mit dem Kaiser Augustus der Göttin einen Cupido aus Marmor für einen erfolgreichen Abschluß der Dichtung Aeneis opferte.«

Aber die zeitgenössischen und weniger bedeutenden Touristen lassen sich durch einstmals anwesende Prominenzen nicht bei den Genüssen der Welt stören. Im Gartenrestaurant des Hotels sitzt eine schottische Reisegruppe, meist Pensionäre, Frauen und Männer getrennt, letztere haben mächtige Bierhumpen vor sich, weil wer seine Gewohnheiten aufgibt, sich selber verliert. Dabei sind sie schon beunruhigt genug der überall umherhuschenden Eidechsen wegen, über deren ungehindertes Vorhandensein sie in Edinburgh vermutlich niemand aufgeklärt hat. Sie wirken leicht deplaziert, doch das Hotel und Sorrent selber haben schon zu viele Gäste überstanden, um davon noch Notiz zu nehmen. Andere Besucher reisen mit ihrer Privatyacht an und ankern nur ein paar hundert Meter Luftlinie von unserem Balkon entfernt. Aber noch ist auf dem Wasser wenig Betrieb. Ein paar vereinzelte Fischerboote, die, sobald der Abend kommt und der Vesuv unsichtbar und Neapel zur Leuchtschnur wird, mit grellen Azetylenlampen zum Fischen hinausfahren: Supernovae in sich verdichtender Schwärze. Oder es erscheint eine Schar wild gewordener Müßiggänger in der Bucht – plötzlich wie aus dem Nichts in zehn, zwölf Motorbooten dahinschießend, so daß sie lange und lang vorhaltende Wirbelspuren hinter sich herziehen, über die sie rasend hinwegkreuzen, eine sinnlose Jagd, die so schnell, wie sie kam, verschwunden ist, um die durch Dämmerung grenzenlos gewordene Fläche leer und glatt zurückzulassen: keine Aeneiden, zu deren Gedächtnis einen Gesang zu schreiben sich lohnen würde.

Vorwärts in die Vergangenheit

Wer es leid ist, der Vergangenheit nur in Museen zu begegnen, der kaufe sich ein Ticket nach Marokko und begebe sich auf Zeitreise. Denn in Marokko existiert hierorts längst gewesene Geschichte als Gegenwart. Und was dem Reisenden anfangs »exotisch« erscheint oder »typisch orientalisch«, entpuppt sich nach eingehender und verständnisbereiter Betrachtung als Wesenszug europäischer Historie. Der Reisende betritt eine Epoche, welche ihm weithin mittelalterlich vorkommt. Viele Indizien, die dem Reisenden eigentümlich bekannt erscheinen, sprechen dafür. Hat er nicht von vielen Dingen und Umständen, auf die sein staunender Blick fällt, schon aus dem eigenen Kulturbereich Kenntnis gehabt? Ist die Fremde weniger fremd als vor Reiseantritt angenommen? Städtebaulich und technisch manifestiert sich auch dort immer mehr die weltweit wirkende Industriezivilisation mit ihrer vernichtenden Gleichmacherei: Beton wuchert in Tanger und Fes, Marrakesch und Casablanca und gar erst in Agadir, der von einem Erdbeben zerstörten Stätte, die als ein einziger und umfassender »Holiday Inn« wiedererstand. Aber sobald man Altstädte betritt oder Städte ganz verläßt, zeigt sich die nachgeahmte Moderne wie nie gewesen, das 20. Jahrhundert wie ein obskurer Traum, aus dem man zu einer Wirklichkeit erwacht ist, welche älteren und resistenteren Bestand hat als das Heute. Armut und Menschenmangel, klimatische und geophysikalische Ungunst tragen ihr Teil dazu bei, dem ich gewiß keine Hymnen zu singen beabsichtige. Es gilt jedoch, eine merkwürdige, primär soziale Verwandtschaft zu unserem eigenen Einst anzumerken und kenntlich zu machen.

Und das Wort »Verwandtschaft« erweist sich durchaus als berechtigt. Weil die verwinkelten Altstädte, insbesondere die Basare, mit sonnenabweisenden Schilfmatten überdeckte enge Gänge, beidseitig vollgestopft mit Läden, Garküchen, Handwerkstätten aller Art, das Erbe fernster, auch uns betreffender Zeiten sind. Das Labyrinthische, aus dem man sich nur mit einem Fremdenführer wieder herausfindet, entstammt der frühen Antike. Über das archaische Athen beispielsweise schreibt Lewis Mumford in seinem Buch »Die Stadt«:

»Irgend etwas wie ein zusammenhängendes Straßennetz gab es in den Wohnvierteln dieser frühen Städte nicht. Auf einen modernen Betrachter müßten sie ebenso orientalisch wirken wie die Abschließung der Frauen, die bei den Athenern gleichfalls üblich war. Die Gassen waren vielleicht breit genug für einen Mann mit einem Esel oder einem Marktkorb, und nur wer Bescheid wußte, konnte sich herausfinden. Gerade dieser Mangel an System und Orientierungsmöglichkeiten war für die Verteidigung wertvoll, falls ein Feind durch die äußere Mauer eingedrungen war; Aristoteles riet dazu und Plutarch rühmte es später, weil er selbst noch in hellenistischer Zeit darin eine Möglichkeit sah, den Feind in Verwirrung zu stürzen.«

Gegenwärtig stürzt man eher den Touristen in Verwirrung und nutzt diese aus, den Obolus für das sichere Geleit aus dem Irrgarten drastisch zu erhöhen.

Während daheim in deutschen Landen gewisse Museumsdörfer eine Ahnung verschwundenen Alltags vergeblich zu vermitteln suchen, wird einem hier dieser vormals auch für uns relevante Alltag, nein, nicht »vorgeführt«, sondern naiv und selbstverständlich vorgelebt: Da hockt in seinem Kämmerchen der Drechsler auf dem Boden, zwischen linkem nackten Fuß und Block das zu bearbeitende Stück Holz, das er mittels eines hin- und hergezogenen Flitzbogens rotieren läßt, wobei die linke Hand das raspelnde Eisen zwischen den Zehen des rechten Fußes abstützt. Hierbei wird ein ideales, aber unerreichbares Ziel des Grünen Fundamentalismus sichtbar: der Verbrauch erneuerbarer Energie. Ein paar

Schritte weiter öffnet sich ein Innenhof, auf dem gestampften Boden einige Hügel aus aufgeschüttetem Getreide, das man hier einkauft, um es zu mahlen, um Teig daraus zu bereiten, den man hinwiederum zum Backen fortbringt: Wie einstmals in unsern Dörfern, gar in Metropolen, Hausfrauen den Kuchen zum Bäcker schafften, da ihnen der entsprechende Herd fehlte – ein Vorgang, der sich noch bis weit in die Nachkriegszeit hinein beobachten ließ.

Man trifft auf Färbereien, aus denen glitschiger Schleim rinnt, Wollfett und schaumige Farbe; bunt gewordene Hände tunken die Docken in offene Farbbehälter, Gestank aus den Lachen, der Lake und von den in der Sonne trocknenden »Fertigfabrikaten«. Folgt man anderswo dem angenehmen Duft brennenden Holzes, im Irrtum befangen, ein Grill-Restaurant zu finden, stößt man auf rabenschwarze Köhler, die entgegen unserer feuerpolizeilichen Aufgeklärtheit im Hinterhof Holzkohle herstellen. Man sieht, des anerzogenen humanen Mitleids voll, wofür kein Einheimischer einen Blick hat: Krüppel, wie man sie nur von Breughel-Bildern kennt: mit Holzbrettchen unter den Händen und Knien tierartig durch die Gassen kriechend. Und selbstverständlich ist der Märchenerzähler auf dem Marktplatz in Fes ein Blinder, umgeben von meist alten Männern, allesamt im Staube hockend und der monotonen Stimme lauschend.

Wahrscheinlich weil Nordafrika so lange im Windschatten der Geschichte ruhte, hat die Fee mit dem Namen »Unterentwicklung« für uns soviel an altertümlichen Erscheinungen aufbewahren können. Selbst dort, wo Industrie oder vielleicht bloß Manufaktur tätig ist, wie etwa im Norden bei Tanger, läßt sich Erinnerung an überlebte Epochen nicht zurückdrängen. So befanden wir uns unerwartet an einem Nachmittag und nach Arbeitsschluß Menschenmengen gegenüber, die aus einem Vorort in die Stadt zurückströmten oder eher: zurückflanierten. Diese Menschen, zu mehr als neunzig Prozent Frauen, gingen zu neunundneunzig Prozent zu Fuß, so daß die wenigen Radfahrer unter ihnen auffielen. Unbeeilt und miteinander schwatzend, zogen die Frauen an uns vorbei. Daß man tatsächlich zu und von seinem Arbeitsplatz nichts als die eignen Beine benutzte, das hatten wir vergessen und vermerkten nun mit Verblüffung, was bei uns kein Jahrhundert zurückliegt.

Überall karges und hartes Dasein: Im Süden, Richtung Sahara, und zwischen Atlas und Anti-Atlas fährt man an Feldern vorüber, kaum größer als ein deutscher Kleingarten, steinübersät und bearbeitet von Bauern, deren Pflug keine eiserne, sondern nur eine hölzerne Schar besitzt. Ein Esel zieht etwas wie eine zweigriffige Krücke mit angespitztem Unterteil durch die magere Erde: seit Äonen, scheint es. Und weil das Holz knapp ist, Nordafrika längst entwaldet, sammeln in den Bergen, insbesondere im Berber-Gebiet, kleine Mädchen trockene Äste und Gezweig, »Reisig« also, um es auf dem Rücken heimzubringen in die Lehmkuben, während die kleinen Jungen als Abkömmlinge patriarchalischer Verhältnisse vorm Dorf Fußball spielen. Hänsel und Gretel auf marokkanisch. Da die geringe Menge Feuerholz kaum zum Heizen ausreicht, muß man die Kälte in Kauf nehmen, die in diesen Tagen unseres Aufenthaltes (Dezember) nachts ziemlich unangenehm wurde. (Zwangsweise habe ich sie testen dürfen, da in den Hotels hier und da die Heizung ausgefallen war.) So kommen die Hausbewohner morgens aus ihrem Kühlschrank und stellen oder hocken sich in die ersten Sonnenstrahlen, um überhaupt aufzutauen. Überall erblickt man morgens verhüllte, mumienähnliche Figuren, an die Wände gelehnt, gesichtslos, ohne Andeutung einer Geste, einer Bewegung, starr wie die kahle und leere Landschaft ringsum, die manchmal den Vergleich mit einer Mondlandschaft herausfordert. Nackte Gebirgszüge, dazwischen Schotterwüste, schier endlos durchzogen von einer schnurgeraden Straße, die fern in den Bergen oder am Horizont in einem Nirwana verschwinden will. Doch auch diese Wüste lebt, zumindest birgt sie Leben, einmal sogar auf märchenhafte Weise sichtbar.

Auf einer langen Strecke durch die weite, vor- oder nachsintflutliche Ebene bemerkten wir einige hundert Meter von der Straße entfernt etwas wie eine mächtige Öffnung im Boden, einen Trichter, ein eingestürztes Höhlensystem vielleicht, doch als wir uns neugierig dem Eingang zur Unterwelt näherten, erwies sich dieser größer als geahnt, und als wir endlich am Rande standen, schauten wir tief hinab auf eine Oase mit Palmen, Lehmbauten, gut bestellten Feldern und einem Flüßchen: eine ökologische Nische für Menschen in menschenfeindlicher Umwelt. Und noch etwas war in dieser großen, ja, ungeheuren Einsamkeit bemerkenswert, obwohl es uns erst im zweiten Moment auffiel und bewußt wurde: eine Stille, von der zu sagen wäre, daß man sie noch nie vordem »gehört« hat. Nirgendwo sonst auf Reisen war man je von solcher Lautlosigkeit betroffen und angerührt worden. Kein naturhaftes, kein zivilisatorisches Geräusch: nichts. Auch das eine Erfahrung, wie sie in unseren Zeiten und Breiten unmöglich geworden ist. Dazu Beobachtungen unerklärlicher Vorgänge, unerklärlich vielleicht nur deshalb, weil uns der Schlüssel, den hier jeder noch instinktiv hat, verlorenging. So gehört zu einer dieser »seltsamen Begegnungen der dritten Art«, daß wir außerhalb eines kleinen Ortes, doch immerhin an der Autostraße, eine eigenartige Versammlung bemerkten und anhielten, um den ferneren Verlauf mitzuerleben. Ein großer, hellhaariger Hund stand wenige Meter abseits des Asphalts in der Schotterwüste, begleitet von zwei oder drei unaufälligeren Artgenossen.

Aus dem Ort selber und aus für uns unsichtbaren Dörfern sammelten sich immer mehr Tiere, unruhig schnüffelnd, stumm, nervöse Bewegungen, Scharren im Sand zwischen Gesteinsbrocken, eine rätselhafte Vorbereitung, bis auf einmal der rechte Augenblick gekommen zu sein schien und der offenkundige Anführer, der Hellhaarige, sich abwandte und in die Wüste lief. Ihm folgte die ganze Meute in auseinandergezogenem Schwarm, schloß auf, bis sie hinter einer Bodenwelle verschwanden. War das der Aufbruch zu gemeinsamer Jagd? Folgten sie einem für uns unhörbaren Ruf aus der Menschenleere? Vor allem machte der Vorgang einen so merklichen Eindruck von Planung, Verabredung, Selbstgewißheit und absichtsvoller Zusammenkunft, daß dem Geschehen etwas nicht ganz Geheures eignete.

Wohin hatten sich diese Tiere auf den Weg gemacht? Ihr Verschwinden, ihre Abwendung von den Behausungen wirkte wie unwiderruflich, als würden sie nie mehr zurückkehren wollen, als hätten sie endgültig mit der Gesellschaft ihrer Besitzer gebrochen, mit unserer Welt, die für sie und ihresgleichen zunehmend unbewohnbarer wird. Und irgendwann für uns selber ebenfalls. Insofern mag einem solche »Vergangenheitsreise« wie das Schließen einer Kreisbahn vorkommen: die uralt erscheinende Ödnis und Menschenarmut als Ausgangspunkt unserer Entwicklung und zugleich als ihre Endstation. Als bliebe uns nach dem zu erwartenden ökologischen Desaster nichts anderes mehr übrig, als mühselig die unfruchtbare Erde im Schweiße unseres Angesichts aufzukratzen, um ihr kärgliche Nahrung abzugewinnen; als frierend morgens die Sonne zu begrüßen; als mit einem Bündelchen Brennmaterial zwischen abweisenden Felsen unseren Weg zu suchen, zu einer stockfinsteren Behausung, in der alle hochfliegenden Träume ausgeträumt sind.

Baum, Stein, Beton
Vom Valley of Muir Woods nach Alcatraz

»Wir segeln am 2. Oktober 1816 nachmittags um vier Uhr in den Hafen von San Francisco hinein. Große Bewegung zeigt sich auf dem Fort am südlichen Eingange des Kanals; sie ziehen ihre Flagge auf, wir zeigen die unsere, die hier nicht bekannt zu sein scheint, und salutieren die spanische mit sieben Schüssen, welche nach dem spanischen Reglement mit zwei weniger erwidert werden. Wir lassen die Anker vor dem Presidio fallen, und kein Boot stößt vom Ufer, zu uns zu kommen, weil Spanien auf diesem herrlichen Wasserbecken kein einziges Boot besitzt.« Und wenig später: »Wir schauten hier täglich dem Spiele der Nebel zu, die, vom waltenden Seewind ostwärts über das sonnenerhellte Land gewehet, zerflossen und sich auflösten. Besonders schön war das Schauspiel, welches sie uns bei der Abfahrt bereiteten, indem sie verschiedene Gipfel und Gegenden der Küste bald verhüllten und bald entschleierten ...«

Der uns das berichtet (und im übrigen über die Örtlichkeit wenig mehr mitzuteilen hat als russisch-amerikanisch-spanische Querelen, da sich hier ein allergischer Punkt internationaler Einflußsphären befand), ist der Autor des »Peter Schlemihl«: Adelbert von Chamisso. Seltsam: Kein Wort des naturwissenschaftlich Gebildeten, der ja zu Forschungszwecken die Reise auf der russischen »Rurik« unternommen, über eines der hiesigen Naturwunder, die Sequoia sempervirens, Redwood geheißen, den höchsten Baum der Welt, nirgendwo sonst vorkommend als in einem Gürtel von 600 Kilometer Länge und bis zu 30 Kilometer Breite an der pazifischen Küste: von Monterey im Süden bis hinauf zur südwestlichen Ecke von Oregon. Das »Spiel der Nebel«, das Chamisso beschreibt, gehört zur Existenzgrundlage dieser Bäume. Feuchter Dunst, wie er in dem tief eingeschnittenen Valley of Muir Woods, nur 27 Kilometer nördlich von

San Francisco, vorherrscht, ist das Elixier (fast) ewigen Lebens für diese Giganten. Denn nicht nur erstrecken sie sich in die Höhe (hier über 70, im nördlichen Humboldt County sogar über 100 Meter), sondern auch in die Zeit. Am »View Point« der Golden Gate Bridge auf der Sausalito-Seite beweist eine denkmalartig aufgerichtete Redwoodscheibe, deren Jahresringe Daten tragen, was diese Hölzer erlebt haben würden, wären sie erlebnisfähig – obwohl ich, als Zwerg vor ihrer schweigenden Größe, das für gar nicht so unmöglich halte. Christi Geburt ist markiert, die Entdeckung Amerikas, die Ankunft der »Mayflower«, der Unabhängigkeitskrieg, von jüngeren Ereignissen ganz zu schweigen. Zwischen diesen angewurzelten »Dinosauriern« zu wandeln gleicht einer Wanderung durch Urzeiten. Und der frühe Morgen ist die beste Zeit dafür. Dann ist das »National Monument« am Highway 101 menschenleer und nur durchweht von den Geistern der Indianer, die der Besucher jeden Augenblick hinter den mächtigen Stämmen zu entdecken erwartet. Während man in der intensiven Kühle, die durch die Kleidung dringt, verschlungene »Trails« begeht, erweitern sich die Einsamkeit und die Zivilisationsferne (44 Kilometer!), so daß Vorstellungen vom Dasein einstiger Jäger und Fallensteller sich von selber einstellen. Keine weltlichen Geräusche mehr, nur Gluckern und Plätschern des Redwood Creek, dessen Wasser märchenhaft gläsern über extrem deutlich konturiertes Geröll und Gestein dahinfließt. Die Sonne, die man, Kopf weit im Nacken, irgendwo oben im Undurchdringlichen sucht, an vereinzelten Erhellungen grünen Gezweigs erkennt, dringt nur an wenigen Stellen bis zum unterholzfreien Boden herab. Die Wipfel, über denen Ruh' ist und absolute »Hauchlosigkeit«, sind nicht zu sehen; zu sehen sind dafür Brandspuren am Fuß beinahe aller Stämme; Höhlen, Unterkünfte zwischen enormem Wurzelwerk, vom Feuer geschaffen: Das letzte lief vor 130 Jahren durch den Canyon.

Doch Redwoods enthalten nicht nur viel Feuchtigkeit, ihre Borke ähnelt Asbest, und gegen andere Gefahren des Baumlebens produzieren sie selber Abwehrstoffe, gegen Insekten und Pilzbefall. Jeder der Giganten kann von sich sagen: Ich war, ich bin, ich werde sein. Denn auch noch die gestürzten Größen ruhen unverrottet auf der Erde: höhnischer Gegenbeweis gegen die Menschenwerke, die man in Gesellschaft der Ungetüme ohnehin vergißt.

So wenig wie die Redwoods erwähnt Chamisso ein winziges Eiland inmitten der Buch: Alcatraz. Der Name, dem Europäer ständiges Assoziations-Signal für Gangster- und Kriminalfilme, soll sich aus der spanischen Bezeichnung für Pelikane entwickelt haben, den ehemals einzigen Bewohnern des Felsens. Später hat sie ein Fort abgelöst, die Kanonen drohend aufs »Goldene Tor« gerichtet; daraus enstand ein Militärgefängnis und aus diesem eine fluchtsichere Strafanstalt für »schwere Jungs« aus allen Bundesstaaten. Al Capone saß hier bis zu seinem Ende und »Machine-Gun«-Kelly, die ganze mörderische Prominenz; bis es geschlossen und als Sightseeing-Objekt wiedereröffnet wurde: Geduldig stehen Touristen in langen Schlangen auf »Fisherman's Wharf« und warten aufs Motorboot. Langsam ihr nahekommend, wirkt die Insel mit ihren den schroffen Fels nahezu völlig bedeckenden Bauten bedrückend. Der Anblick bedarf keiner Erläuterung: Er sagt alles. Und der Zustand des Verfalls verstärkt den niederschmetternden Eindruck. Öde Fassaden, verfärbt, der Verwitterung preisgegeben; vergitterte Fenster, zerschlagene Scheiben dahinter; dann: Ruinen, ausgebrannt, Ruß-Schwärze über leeren Rechtecken; ein Wasserbehälter, Kugel auf Eisenbeinen, an seine weithin sichtbare Rundung mit der Farbspraydose angesprüht: WELCOME INDIAN LAND! und PEACE ON EARTH!

An der Anlegestelle, eine Angelegenheit von verrostetem Eisengestänge, Erinnerung an Stacheldraht, Mixtur von Fels und Pflaster, die sich als aufwärtssteigende Rampe präsentiert, erwarten uns Touristen die Führer: Mädchen in Uniform, weibliche »Ranger«, breitkrempig behütet, die sogleich die Angelandeten in Gruppen aufteilen, recht energisch, und in einem gleichartigen Ton die Ankömmlinge instruieren und zur Disziplin ermahnen. Wir stehen da wie Strafgefangene, die nichts Gutes erwartet, und letzteres stimmt ja auch, denn was wir vorgeführt bekommen, ist eine Festung der Verzweiflung. Unsere Führerin, obwohl sie x-mal am Tage diese Tour wiederholt, zeigt sich von dynamischer Frische, ausgestattet mit einem Humor von ziemlicher Schwärze. Nur einmal wird sie ernst (und da bitten wir ihr manches ab), wenn – nachdem sie das Zellenhaus mit den bekannten frontal offenen Käfigen gezeigt hat, diese unmenschliche Vergeltung von Unmenschlichkeit – sie die Besucher zu den Isolierzellen führt, diese öffnet und zum Betreten auffordert: Dort drinnen lagen die doppelt bestraften Sträflinge in vollkommenem Dunkel auf blankem Beton bei Wasser und Brot. Nachdem Alcatraz geschlossen worden sei, meinte sie eindringlich, hätte man im ganzen Lande mit der Überprüfung dieser Art der Bestrafung begonnen. Und dabei schließt sie die massigmassiven Türen hinter den Neugierigen, die ihrer Aufforderung zum Selbst-Versuch sofort nachkamen, um es sich (vielleicht) angenehm gruseln zu lassen.

Wenige Minuten später werden sie wieder befreit und kommen stiller hervor, als sie eingetreten sind, und folgen williger ins Freie auf den betonierten Basketball-Platz unter dem strahlenden und lichtblauen Himmel. Durch ein Pförtchen den Hof verlassend, blickt man draußen auf das Wahrzeichen der Stadt. Nur sieben Gefangenen wurde von Alcatraz aus der gleiche Anblick zuteil: als sie flohen. Nur von einem hat man wieder gehört. Eisige und schnelle Strömungen reißen jeden Schwimmer aus der Bucht aufs Meer hinaus, und nur der eine wurde total erschöpft und unterkühlt aufgefunden: an der Einfahrt zur Bay, an der Stelle, von wo aus der heransegelnde deutsche Dichter mit Salut begrüßt wurde. Doch das ist lange her. Jetzt stehen wir inmitten lauter Amerikaner auf dem Vorplatz, von wo man als Häftling ins Zellenhaus eintrat, nach einem allerletzten, möglicherweise dem lebensletzten Blick über die Bläue des Wassers hinüber zur fernen Skyline, dem unerreichbaren Traum aller Insassen. Und wie in allen gleichartigen Gemäuern steht auch hier die Ausdünstung von Unglück und Unseligkeit zwischen den kahlen Wänden. Welch ein gottverlassener Platz im Angesicht einer der schönsten Städte. Als bewirke ein bösartiger Zauber immer erneut solch beunruhigendes Beieinander des scheinbar Unvereinbaren.

Beim Rückmarsch zum Schiff über die Rampen abwärts bin ich, der undisziplinierte Ausländer, derjenige, der sich verspätet, weil er immer noch mal was betrachten, sich einprägen, fotografieren wollte, und darum werde ich vor dem letzten Abstieg von der »Rangerin« erwartet. Da sitzt sie auf einer halbhohen Mauer, einer Art Brüstung, die Hände in den Taschen der hautengen Hose, das hübsche Gesicht von der Krempe beschattet, ein unverkennbar amerikanisches Mädchen, und sagt lächelnd, da sie geknipst wird: »Das wird Ihre Kamera kaputtmachen.«

Auf dem Motorboot unterwegs in Richtung Pier, wo schon die Masten der »Golden Hind« auftauchen, der *replica* von Sir Francis Drakes Schiff, scheint es, als hätte mein Kollege und Mit-Berliner seine Reise zu früh angetreten und darum Wesentliches zu sehen versäumt.

Finnische Impressionen

I

Mit der »Finnjet«, dem Fährschiff, Helsinki ansteuernd, ist man dreiundzwanzig Stunden unterwegs. Man hockt in einem vibrierenden Kabuff und ahnt, was das Wort »Isolationsfolter« bedeuten kann. So flüchtet man sich an Deck, von wo man, windgebeutelt und ausgekühlt, sich auf die Panorama-Brücke zurückzieht. Vor einem wie rundherum nichts als Wasser, leicht gewellt, grau und eintönig. Sobald fern ein Containerschiff auftaucht, ein Dampfer, treten die Ferngläser in Aktion, die man, wie ein Schild verheißt, gegen Vorlage des Reisepasses am Informationsschalter entleihen kann. Kein »Kampf mit den tobenden Elementen« mehr. Wir befinden uns ja innerhalb eines waagrecht auf Kiel gelegten Hochhauses, dessen Unerschütterlichkeit durch seine Größe sowie durch die in der Reklamebroschüre abgebildeten Stabilisatoren bewirkt wird. Gasturbinen treiben uns voran, mit einer Geschwindigkeit von immerhin 56 Stundenkilometern, was für ein derartiges Monstrum außerordentlich ist.

Aber was fängt man mit den dreiundzwanzig Fahrtstunden an? Nur zu rasch hat man den »Markt« erkundet, die Restaurants, den Duty-free-Shop, die »Boutique«, Sauna, Bar und Kino, in dem ein Film mit Eddie Murphy läuft. Über die drei dem Kommerz vorbehaltenen Stockwerke erleidet man das ständige Gewimmel der Passagiere, die offensichtlich ebensowenig mit sich wie mit der zu keinem konkreten Nutzen verwendbaren Zeit anzufangen wissen. Es grassiert eine merkwürdige Mischung aus Unruhe und Langeweile, die uns umtreibt. Eine kurzfristige Gefangenschaft in einem Kerker erster Klasse, durch dessen schnurgerade, endlose Gänge man nach seiner Zelle unter zahllosen sucht. Mit Erschütterung vernimmt man, daß 1600 Reisende an Bord sein können, dazu die entsprechende Anzahl Autos, Motorräder, Caravans und Busse, und das alles auf einer trüben Flüssigkeit, die bekanntlich keine Balken noch sonstigen Stützpfeiler hat. Mit zunehmender Windstärke, welche man in der Kabine als sanfte Anleitung zum Schunkeln empfindet, kommt einem eine bedrohliche Vision nahe: vom einstmals sichersten Ozean-Liner der Welt mit dem Namen »Titanic«. Und man atmet auf, als habe man ein Maghellansches Abenteuer überstanden, wenn am Horizont sich von demselben ein dunkleres Band undeutlich abzuheben beginnt: Land! Land! Finnland!

2

In Helsinki ist man sofort heimisch, vorausgesetzt man stammt aus Berlin. Denn diese so abgelegene Metropole ist in mancherlei Hinsicht der einstigen Reichshauptstadt verwandt und zeigt an vielen Ecken Ähnlichkeiten, von denen man seltsam und sentimental angerührt wird. Schon der zentrale Platz der Stadt gemahnt unabweislich an Potsdam. Nicht allein die strengen Linien des Domes dort vermitteln diesen Eindruck, sondern vor allem die zweistöckigen klassizistischen Häuser, die wir so und nicht anders aus der alten, kalten Heimat kennen. Aber daß man hier auf gute Bekannte trifft ist wenig verwunderlich, sobald man erfährt, Herr Engel, ein Studienkollege Schinkels, habe das alles erbaut. Dergestalt klärt sich das »Aha-Erlebnis« auf. Und wird einem noch dazu mitgeteilt, daß in Helsinki auch späterhin die Berlinische Bauordnung gegolten habe und man an Ort und Stelle Wohnbauten mit dem berühmt-berüchtigten »Berliner Zimmer« finden könne, dann weiß man, warum man sich keinmal fremd vorkam.

Dadurch daß diese Stadt, zumindest in ihrem zentralen

Teil, ein architektonischer Ableger mitteleuropäischer Baustile ist, lädt sie, wie selten eine relativ junge Stadt, zum Flanieren ein. Jugendstil und Art déco, Gründerzeit und Bauhaus, alles wohl erhalten und erheiternd durchmischt, so daß man hinter jeder nächsten Ecke aufs neue von seinen eigenen Erinnerungen eingeholt wird. Daß man nur zu sehen vermag, was man schon kennt, ist eine alte Weisheit, die einem in Helsinkis Straßen erst so recht bewußt wird. Immer erneut hielten wir im Gehen inne: Als müßten just aus diesem Haus da gegenüber, justament in dieser Straße die Menschen unserer noch unzerstörten Kindheit, unserer noch unzerstörten Stadt erscheinen. Zu dieser Fantasmagorie tragen kleine, leicht verkommene Läden bei; Passanten, durch keinen besonderen Habitus auffällig; Staub, Papierfetzen, ein zarter Hauch von Ungepflegtheit, Patina, die darauf verweist, daß man in dieser Stadt mit jener Lässigkeit zu Hause sein darf, die einstmals auch für Berlin bestimmend gewesen ist. Und erst wenn man nach seinem Rundgang zum Hafen zurückkehrt, wo die Motorbarkassen zur Zoo-Insel oder zu Sightseeing-Touren ablegen und angesichts der hochragenden orthodoxen Uspensky Kathedrale aus der russischen Äre Finnlands, ist man auf einmal wieder »im Ausland« und um sein Eingedenken betrogen.

3

Städte in Finnland lassen das Herz jedes Zementfabrikanten höher schlagen: Weithin Kuben aus Beton, auf ehemalige Wiesen gestellt oder anstelle abgerissener Holzhäuser ins funktionale Raster der Ansiedlungen. Lahti ist solch eine Trostlosigkeit, der die Stadtverwaltung dadurch entgegen zu wirken denkt, daß sie wiederholt ein internationales Schriftstellertreffen vom Zaun bricht, in Mukkula, etwas weiter ab von den Klötzen, in einer Hotelanlage an einem der 187888 Seen (neuester Zählung zufolge). Inwieweit die Kumulation von Intellektualität unterschiedlichster Provenienz Auswirkungen auf die Lahtianer selber hat, wage ich nicht zu beurteilen. Sprachprobleme verhindern genauere Nachforschungen. Zwar sind die Finnen meist zweisprachig, doch da die zweite Sprache Schwedisch ist, ergeben sich gewisse Schwierigkeiten bei der Kommunikation. Vielleicht käme man mit Griechisch durch, denn im Fernsehen sieht man aus Stockholm übertragene Nachrichten in der Sprache Papandreous – doch wer die Zuhörer hierorts sein mögen, ist mir völlig rätselhaft. Ganz gewiß nicht jene Männer und Frauen, die am Vormittag in der Kneipe sitzen, voluminöse Gestalten, um gewaltige Mengen dünnen Bieres in sich hineinzuschütten. Auffällig ebenfalls, daß unter den Trinkern oftmals körperbehinderte Rollstuhlfahrer erstaunlich jungen Alters ihre Gläser schwenken. Überhaupt der Alkohol! Ein Nationalproblem, wie man hört. Vermutlich braut hier jeder seinen Methylalkohol selber, denn wenn im Restaurant bereits das Placebo-Bier über sieben D-Mark kostet, wie hoch mag da erst der Preis der staatlichen Monopolläden sein. In den Supermärkten jedenfalls erhält man nur Sorte römisch drei, eine eigenartige Flüssigkeit, in der man baden müßte, um eine euphorisierende Wirkung zu erreichen. Und Wein? Winzige Fläschchen (0,35) roten oder weißen, auf deren Etikett der entsetzte Durstige liest: Alkoholfrei – 1 % Akohol. Doch trotz der Restriktionen: Betrunkene und solche, denen man ihr zeitweiliges Delirium bereits ansieht, trifft man überall. Und überall Frauen und junge Mädchen von tonnenartigem Umfang in einer derartigen Vielzahl, gegen welche das von Dicken behauste Amerika kaum ankäme. Ob sich die Folgen exzessiven Bierkonsums auf diese schwammige Weise bedenklich darbieten, war nicht zu klären. Mag sein, der hohe Lebensstandard (fünfter in der Welt) trägt Schuld an der Pfannkuchenwerdung finnischer Weiblichkeit. Oder der Umstand, daß auf

Finnland ein enormer Kindersegen niedergegangen ist. Familien mit drei und vier Kindern scheinen eher die Norm, und beobachtet man die fürsorglichen Mütter und wie sie in Lokalen, Frühstücksräumen, Restaurants die Teller ihrer Sprößlinge mit Nahrungsmitteln überhäufen und ihre eigenen dazu, um den Kleinen ein Beispiel für braves Vertilgen solcher Kalorienmengen zu geben, ahnt man die Ursachen.

4

Savonlinna, ein kleiner Ort auf einer kleinen Insel im nordöstlichen Karelien, wirbt für sich mit den »Wonders of Nature«. Man gerät tatsächlich in dieser Seenplatte in ein Gewirr von Gewässern, felsigen Eilanden und Wäldern, welches am besten mit einem Boot zu erkunden wäre und dessen Wunderlichkeit dem Wiederholungszwang der Natur entsprang. Man kann die Seen nicht auseinanderhalten, geschweige denn die aus der anscheinend schon fischarmen Bläue lugenden Gesteinsbuckel. Eine Besonderheit Savonlinnas ist übrigens die Burg Olavinlinna, natürlich auch in einem See gelegen und eines der wenigen mittelalterlichen Relikte des Landes, weil selten genug in Stein gebaut wurde und die hölzerne Architektur die Feuerstürme der Zeiten kaum überstanden hat. Auch hier ist inzwischen und im leider nur zu wahren Wortsinne der Tourismus »eingekehrt«, so daß der Einsamkeitsuchende sie hier keinesfalls finden wird. Und selbst wenn man sich über eine Brücke auf ein Savonlinna vorgelagertes Inselchen begibt, um den von vielen fleißigen Touristenfüßen aufgewirbelten Staub von den eigenen Schuhen zu schütteln, entgeht man doch nicht dem durchdringenden Geknatter heran- und vorbeipreschender Motorboote, die von früh bis abends die einst als heilig erkannte Stille widerlegen. Bis hierher an meinen Granitsitzplatz reicht der Boom der finnischen Wirtschaft, die dafür

Sorge trug, daß jeder zweite Finne ein Auto besitzt und glaubhaft mindestens ein Motorboot. Ringsum wachsen statt beseligender Wälder Häuser und Hotels aus dem Boden, und wenn man, wie ich es andernorts ausprobiert habe, an das Ufer eines dem Augenschein nach noch baufreien Sees will, stößt man nur ein paar Meter von der Wassergrenze entfernt auf die durch den Wald nicht gleich sichtbaren Buden und Blockhäuser, »Datschen« und Hütten der bloß fünf Millionen zählenden Einwohnerschaft, die jedoch den Eindruck zu erwecken versteht, sie wäre zehnmal so umfangreich. Verstärkt wird dieser Eindruck noch durch den Abfall, den »Mutter Grün« vor die Füße zu werfen sich eindeutig jeder Finne verpflichtet fühlt. Einen Gedanken zumindest braucht der Spaziergänger sich nicht zu machen, daß er sich nämlich im Wald verirren könnte. Wie im Märchen von Hänsel und Gretel ist der Weg stets heimführend markiert, obwohl nicht mit Erbsen, sondern mit Zigarettenstummeln in dichter Folge. Daß es überhaupt noch Wald gibt, gehört zu den finnischen »Wonders of Nature«.

5

Weiterfahrt nordwärts nach Kuopio auf stets vorzüglichen Straßen. Das Tempolimit liegt, je nach Beschilderung, bei 80 oder 100 Stundenkilometern, doch die meisten Finnen halten sich nicht daran und fahren weitaus langsamer. Ob von den hohen Strafen bei Übertretungen verschreckt (es geht gleich in die Tausende von Mark), oder mentalitätsbedingt: Man rollt gemütlich dahin, unaufgeregt und geduldig. Abgesehen vom Mangel an Temperament (Oh, du römischer Straßenverkehr!), stammt die Zögerlichkeit wahrscheinlich von der Abstammung: Selbst die Städter sind noch halbe Landmenschen, und die agrarischen Wurzeln (metaphorisch gesagt) binden noch an andernorts vergangene andre Zeitempfindungen. Man könnte rechtens meinen, die Sekunde sei in Finnland noch nicht entdeckt worden.

In Kuopio selber, außer dem erfrischenden Wind vom Hafen und dem fehlenden Pflaster auf allzu vielen Trottoirs, eine Überraschung eigener Art: Ein Stadtviertelchen aus erhaltenen bzw. restaurierten Holzhäusern, ganz unverhofft die blasse Vorstellung vom russischen 19. Jahrhundert versinnlichend. Hinter jeder Tür erwartet man die »Drei Schwestern« zu treffen, und in dem mächtigen hölzernen Schaukelstuhl in einem dieser hölzernen und menschengemäßen Zimmer scheint bis vor wenigen Minuten Tschechow gesessen zu haben. Was man von vielen Fotos her kannte und aus der Literatur von Lermontow bis Gorki – das sorgfältig und liebevoll gezimmerte Heim –, da steht es! Und, obwohl zum Museum verwandelt, umfängt es den gerührten Besucher mit einer Atmosphäre, in der ein Rest von Behagen mitschwingt, von einem Dasein heute vergessener Selbstgewißheit, von Leben, dessen Bescheidenheit und Bindung an die natürlichen Gegebenheiten der Umwelt uns unglaublich fern gerückt ist. Im Garten eine hölzerne Schaukel für Erwachsene: Antikes Stück, dem man als originalgetreue Kopie auf Campingplätzen und innerhalb ländlicher Unterkunftsareale wiederbegegnet. Mir waren diese Holzhäuser mit ihren diversen Inhalten (darunter Betten, die man geschickt auseinanderziehen konnte und am Tage bei Platzmangel zusammenschieben) die bewegendste Sehenswürdigkeit des Landes, weil sie, mehr als Repräsentationsbauten oder ähnlicher Schnickschnack, unüberhörbar und unübersehbar auf ihre verschwundenen Bewohner hinwiesen, mit jeder Schwelle, jedem Möbelstück, jeder Stufe.

6

Von Kotka am Finnischen Meerbusen zu reden, erspare ich mir: Eine Breughelsche Hölle aus Gestank, Industrie und carzinogenen Ansiedlungen, die ohnehin gräßliche Stadt umwuchernd. Vermutlich steht dort dem Geruch zufolge die bedeutendste Käsefabrik der Welt. Dem Besucher wird geraten eine Gasmaske mitzuführen. So kehrt man mit enttäuschter Neugier reumütig zu den Seen im Inland zurück und begibt sich dort am einfachsten in eine jener multiplen Unterkünfte, die sich aus Campingplatz, barackenartigen Holzhäusern, Saunen, Restaurants, Minigolfanlage und Strand zusammensetzen. Die Sauna, das merkt man bald, ist der eigentliche Tempel finnischer Gläubigkeit. Abends gegen neun Uhr, da der Tourist noch in der prallen Sonne sitzt, die, wie im Reiche Philipps II., nicht untergeht, begeben sich die Landeskinder in die entsprechenden Hütten. Und sie erscheinen erst wieder, wenn die Sonne, die gegen Mitternacht hinter ein paar Sträuchern abgesackt ist, zwei Stunden später wieder auftaucht. Daß die Tätigkeit des Saunens Körpervolumen nicht reduziert, können wir an den entsprechenden Damen studieren, die von ihrer Massenhaftigkeit nach dem Vollzug nichts eingebüßt haben. Sie kommen aus der Schwitz- und Schwatzbude um kein Gramm erleichtert heraus, müssen aber einen Gewichtsverlust befürchten, da sie statt der doppelten Frühstücksportion die dreifache zu sich nehmen.

7

Und sonst? Ein Land im Sinne Schönhubers: ohne Ausländer. Dergestalt gehört Finnland zu den ganz wenigen »monokulturellen« Staatsgebilden in Europa, möglicherweise an zweiter Stelle nach Albanien stehend. Ausländer hat man nicht gern, es sei denn, sie wären Deutsche, aber auch diese lieber nur als Touristen. Man bleibt unter sich und wartet die Weltläufte ab und geht inzwischen an einen See angeln.

8

Eines nicht zu vergessen: Daß die Landschaft, obschon eine unaufhörliche Reprise ihrer selbst (oder vielleicht gerade deswegen), eine enorm sedierende Wirkung ausübt. Wer sich einmal an einem dieser Seen niedergelassen hat und aufs Wasser guckt, in die sichtbare und erfühlbare Weite, spürt, wie er langsam zu einem Teil der Reglosigkeit und der Stille wird. Sobald die Motorboot-Freaks ihre Runden gedreht und sich heimbegeben haben und der Abend anbricht, der gar keiner werden will, ist man selber nicht mehr ganz von dieser Welt. Plötzlich wird das krächzende Aufstieben einer Möwe in der Ferne zu einem Ereignis. Vordem kaum wahrgenommene Geräusche tönen unerwartet über den See und durch den sacht steigenden Dunst. Und in der Morgenfrühe und angesichts der völligen Unbeweglichkeit der Wasseroberfläche, in die einen Stein zu werfen ein Sakrileg wäre, erinnert die Erde daran, was sie einmal gewesen ist und was sie sein könnte. Bis hinter der nächsten Landzunge jemand den Zündschlüssel herumdreht.

Der Dilettant im Mittelalter

Ein psychologisch leicht erklärbares Phänomen besteht darin, daß es jeden von uns, und nahezu ohne Ausnahme, an einstmals aufgesuchte Orte zurückzieht. Fast sehnsüchtig verlangt es uns, erneut Städte und Landschaften wiederzusehen, selbst wenn wir dort weder Wesentliches erlebt noch erfahren haben. Dieser Rückkehrzwang speist sich aus zweierlei Motiven. Einerseits hat unser fragwürdiges Erinnerungsvermögen ganze Säuberungsarbeit geleistet und das damals Erblickte von Schlacken gereinigt. Der ehemalige Ärger über die miserable Unterkunft, der Zank mit irgendwelchen Leuten, die überhöhten Preise, die verlorene Brieftasche, die Autopanne – all das ist im Orkus versunken. Übriggeblieben ist eine Art Paradiesgärtlein, in dem geweilt zu haben wir die verspätete Freude sentimental genießen. Andererseits steckt in uns die irrationale, wenn auch unbewußte Überzeugung, an dem Platz unserer früheren Anwesenheit träfen wir etwas von unserem eigenen früheren Selbst an: ein Stück dort auf unbegreifliche Weise konservierter Jugend, einen längst verlorenen Anteil früherer Vitalität, zumindest etwas, das die antike Sage Antäus zuschreibt, der aus dem Erdboden ständig frische Kraft bezog. Insgeheim rechnen wir wohl mit dem gleichen Ergebnis bei der Berührung mit dem Grund, auf dem wir schritten. Klarer Fall: Das Verlangen nach ewiger Wiederkehr, nach mystischer Wiedergeburt ist zum Motor des weltweiten Tourismus geworden, der die ihm Verfallenen unaufhörlich und immer wieder nach Sylt treibt oder nach Mallorca, in den Bayerischen Wald oder nach Rimini, ohne daß jedoch das ersehnte Wunder einträte und man bei erneutem Besuch der frohgemut erinnerten Stätte selber erneuert würde, verjüngt, oder in die Lage versetzt, noch einmal einen unbeschwerten Anfang mit sich zu machen.

Anders freilich liegt der Fall bei unserem Wunsch, in eine uns nicht zugehörige Vergangenheit zu reisen, also: in die Geschichte selber. Der geniale Einfall von Herbert George Wells, in einem Roman seinen Protagonisten mit einer »Zeitmaschine« in die vierte Dimension zu schicken, hat ungeahnte Folgen gezeitigt: der weitaus größere Teil der Sciencefiction-Literatur basiert ja auf nichts anderem als solchen Touren ins Gestern oder ins Morgen, wobei die beschriebenen Welten und Universen nur die Synonyme für gewesene oder zu befürchtende Verhältnisse darstellen. Ich bekenne nicht ohne eine gewisse Verlegenheit vor der möglichen Lächerlichkeit, der ich mich aussetze, daß ich dieses Buch unzählige Male gelesen und auf seiner Grundlage sogar ein Fernsehspiel geschrieben habe, über welches ich den Mantel ökumenischer Nächstenliebe gebreitet sehen möchte. Jedoch: Wells war nicht der erste Autor, der seinen Lesern derart fantastische, fantasievolle Reisemöglichkeiten anbot. Vor ihm hat bereits ein Amerikaner seinen Fans die dauerhaft verriegelte Pforte in die vergangene und vergessene Historie einen Spalt weit geöffnet. Der Mann hieß Samuel Langhorne Clemens, schrieb unter dem Pseudonym Mark Twain, und sein Baedeker für Mußestunden trägt den Titel: »Ein Yankee am Hofe des Königs Artus«.

Wenn unser Wunsch, an vormalige Abschnitte unserer eigenen Biographie zurückzukehren, sich aus dem vernunftlosen Trieb nach Einstieg in einen Jungbrunnen ergibt, so hegen wir – wie ich glaube – den Wunsch nach Einkehr in die abgelebte Geschichte auch, um sie zu korrigieren. Wir stellen uns doch manchmal in Tagträumen vor, daß wir, ausgerüstet mit unserem aktuellen Wissen, mit unseren ungeheuren wie ungeheuerlichen Kenntnissen, den armen Tröpfen im Gestern ordentlich Bescheid stoßen könnten, was sie beziehungsweise ihre Kinder und Kindeskinder erwartet, falls sie so weitermachen wie bisher. Wir könnten, dank unserer Informationen, an einem schönen Sommertag eine Fahrkarte nach Sarajevo kaufen, dort die Straße entlangschlendern und, bevor der Erzherzog vorbeifährt, dem Studenten Princip einen Kinnhaken versetzen und solchermaßen der Weltgeschichte einen völlig anderen Verlauf geben.

Diese etwas kindliche, wenn nicht gar kindische Vorstellung bildet die Grundlage von Mark Twains Roman, in dem ein Yankee aus Hartford, Connecticut, mit einem ihm Untergebenen in Streit gerät und letzterer mit einer Brechstange die Fehde beendet. Unser Yankee fällt in Ohnmacht und erwacht unter einem Eichenbaum in einer »wunderschönen« Landschaft, wie es heißt. Vor ihm zu Pferde ein Mensch, in eine eigentümliche Eisenrüstung gekleidet, etwas wie ein »Nagelfäßchen mit Schlitzen« auf dem Kopf. Der Yankee wird nach Camelot gebracht, ohne zu begreifen, wie und was ihm geschieht. Am königlichen Hofe wendet er sich endlich an einen vertrauenerweckenden Alten und fragt:

»Freund, tun Sie mir einen Gefallen. Gehören Sie zur Irrenanstalt, oder sind Sie nur zu Besuch oder aus einem ähnlichen Grunde hier?« Er musterte mich mit törichtem Ausdruck, heißt es weiter, und antwortete:

»Wahrlich, edler Herr, mich deucht ...«

»Das genügt«, sagte ich, »ich schätze, Sie sind Patient.« Schließlich erfährt der so abrupt Zeitversetzte das Datum: 19. Juni 528. Der Schock ist überwältigend, die komischen Mißverständnisse lassen nicht auf sich warten, doch es währt nur eine relativ kurze Zeit, bis unser Yankee, ein Praktiker in allen Lebenslagen, anhebt, das Mittelalter zu modernisieren, oder vielmehr: zu amerikanisieren, was wohl gleichbedeutend ist. Am Schluß des Buches zerbricht die mittelalterliche Welt, eine vorweggenommene Disney World, in kriegerischen Auseinandersetzungen, und Merlin, der Zauberer, versetzt den Yankee in einen Schlaf, aus dem er erst in dreizehnhundert Jahren wieder erwachen wird, um dem Autor, der sich als Berichter ausgibt, sein unglaubliches Schicksal mitzuteilen.

Auch dieses Buch, um mein vorhergehendes Geständnis zu erweitern, gehört zur Lektüre meiner Jünglingsjahre, und es hat mich dermaßen amüsiert, daß ich, Altruist, der ich bin, dieses Vergnügen mit möglichst vielen anderen teilen wollte. Die eine Folge meiner guten Absicht war ein Drehbuch nach diesem Roman, geschrieben 1963, das prompt vom zuständigen Filmminister für die Verfilmung verboten wurde. Doch das nur nebenbei. Die andere Folge der Beschäftigung mit dem Artus-Stoff jedoch war eine latente Neugier, die Schauplätze jener mir nicht unbedingt seriös vermittelten Affäre aufzusuchen und anzuschauen, selbstverständlich unter Verzicht auf Brechstange und Gehirnerschütterung.

Es mußte andere Mittel geben, um ins Mittelalter und zu König Artus zu gelangen, und ich machte mich daran, aufgrund entsprechender Studien vorerst auf abstraktem Wege die Reise nach Cornwall und Wales und Somerset anzutreten. Die Literatur zum Thema war dermaßen überwältigend, daß ich vor der Vielzahl der Titel kapitulierte. Meine Absicht war ja keineswegs, ein Artusiologe zu werden, gar in Konkurrenz zu ernsthaften Historikern zu treten – mir genügte es völlig, die materiellen Belege, die greifbaren Indizien der abenteuerlichen Merkwürdigkeiten, von denen ich gelesen hatte, zu inspizieren, um den Eindruck des Gelesenen sozusagen konkret zu »unterfüttern«. Was wäre Geschichte ohne ihre Überbleibsel, ohne ihre gegenständliche Erscheinungsweise? Doch nichts weiter als ständig wechselnde, mehr oder minder überzeugende Erklärungen, die man glauben könnte oder auch nicht. Nein, nein – Geschichte erhält erst durch ihre dingliche Ausprägung die nötige Evidenz, die alle Zweifel widerlegt, und eben solche Evidenz wollte ich wahrnehmen. Jedes Wissen ohne dazugehörige Erfahrung bleibt ziemlich nichtig. Mit einem banalen Beispiel gesagt: Man weiß erst, was Winter ist, wenn man durch Schnee gestapft ist. Der Schnee ist authentischer als die Erzählung von Knecht Ruprecht. Ich wollte meine Hand auf die Objekte legen, die in den sogenannten Dark Ages von anderen Händen berührt worden waren; eine metaphysische oder auch bloß eingebildete Kommunikation über die Jahrhunderte hinweg. So also, etwas pathetisch gesprochen, brach ich erwartungsvoll zu jenen Regionen auf, in denen sich begeben hat, was sich stets und nimmer begibt.

Mein erster Zeitzeuge, zumindest was von ihm geblieben war, sollte der Mann sein, mit dem eigentlich »alles«, das heißt die Legende überhaupt, angefangen hat: Geoffrey of Monmouth, ein Schriftsteller, ein Intellektueller des 12. Jahrhunderts, der, fast möchte man meinen, in einer ironischen Vorwegnahme der Mark Twainschen Sicht über seine Absicht mit frappierender Offenheit Auskunft gibt. Er schreibt nämlich in seiner Einleitung zu seinem Buch »Geschichte der britischen Könige«: »Wann immer ich über die Geschichte der Könige Britanniens nachdachte oder mir derlei Dinge durch den Kopf gingen, fiel mir auf, daß, abgesehen von dem, was Gildas und Bede in ihren glänzenden Berichten darüber schreiben, es absolut nichts über die Könige zu erfahren gibt, die hier vor der Fleischwerdung Christi lebten, oder auch nur über Artus und all die anderen, die ihnen nach der Fleischwerdung folgten. Und dennoch, die Taten dieser Männer waren derart, daß sie es verdienen, für alle Zeiten gepriesen zu werden. Mehr noch, diese Taten wurden freudig von vielen Leuten, die sich nur auf ihre Erinnerung stützen konnten, mündlich weitergegeben, gerade so, als ob sie niedergeschrieben worden wären.«

Und dann schreibt Geoffrey los, was das Zeug hält, und man könnte, in Hinblick auf einen Zweig eben noch gegenwärtig gewesener Geschichtsschreibung, nämlich der marxistisch-leninistischen, mit Fug und Recht behaupten, Geoffrey sei der Begründer jener Historiographie gewesen, welche als didaktischer Gummiknüppel ihre Opfer, die Studenten, in unverschuldete Verblödung getrieben habe.

Obwohl zur Rechtfertigung Geoffreys gesagt werden muß, daß *er* sich immerhin noch aufs Hörensagen beruft, indessen die Historiker, die sich als »Sieger der Geschichte« gerierten, als kenne die Geschichte selber dergleichen, doch nur verbreiteten, was ihnen selber *vor*geschrieben wurde. Auch ist Geoffrey durch seine farbige Fantasie entschuldigt, die schon durch sein »Quellenstudium« deutlich wird. Er schreibt nämlich außerdem, er habe, als er über die Dinge ernsthafter nachzudenken begann, Kontakt zu Walter, dem Archidiakon von Oxford, gehabt und dieser habe ihm ein »gewisses, sehr altes Buch, das in der Sprache der Briten geschrieben war«, gezeigt. In diesem Buche nun, so Geoffrey, sei die Geschichte der Briten aufgezeichnet gewesen, von Brutus, ihrem ersten König, bis Cadwallader, ihrem letzten. Das Original ist, wie uns Wilfried Westphal, auf dessen Forschungen in Sachen Artus ich mich unter anderem berufe, mitteilt, bis heute unauffindbar geblieben.

Unauffindbar – das scheint mir ohnehin das Stichwort zu sein, unter dem sich meine »sentimental journey« ins Mittelalter begeben hat. Denn als ich, gespannt auf die wie auch immer seltsame Begegnung der dritten Art, die Stadt Monmouth erreichte, nach der Geoffrey sich stolz nannte, war von ihm nichts mehr auffindbar: kein Grabstein, keine Begräbnisstätte, nichts. Nur an einem mittelalterlichen Gebäude aus nachgedunkelten grauen Quadern ein kleiner Erker mit Butzenscheiben soll sein Schreibkabinett beherbergt haben. Doch auch dieser Hinweis war, wie ich annehme, eine nachträgliche Zuordnung, ohne den Wert eines Beweises. Immerhin, so meinte ich, blieb mir das Reich des Königs Artus mit seiner erklecklichen Anzahl von Stätten und Stellen, die von seiner Existenz Kunde geben würden, und so zog ich getrost südwärts, über den Bristolkanal, nach Cornwall und an die südwestliche Küste nach Tintagel, wo sich, meinen Informationen zufolge, die berühmte Artus-Burg befand.

Das Kleinstädtchen Tintagel selber lebt vom Mythos des großen Königs. Jedes Restaurant, jedes Café, jede Fish & Chips-Bude trägt einen Namen aus dem Sagenkreis. Von den Häuserwänden, von Reklamewänden blickt den Besucher eine Gestalt an, mal bärtig, mal glatt rasiert, mal gekrönt, mal behelmt, die sich wie in einem Vexierspiel als Artus ausgibt. Das Fehlen jeder kanonischen Auffassung vom Antlitz des Königs ist nicht allein ein Zeichen mangelnder Faktenkenntnis, sondern auch eines von Demokratie: Hier kann sich jeder ein Bild von dem machen, an dessen einstiger Realität keiner der Einwohner und keiner der Touristen zu zweifeln gedenkt. Ich habe auf der Straße Leute allen Alters und unterschiedlicher Herkünfte befragt, und die Antworten klangen so, als ob man von einem guten Bekannten, der leider schon eine Weile verstorben sei, spräche. Natürlich hat er gelebt! Natürlich war er ein großer Held und, was wahrscheinlich im Englischen den Gipfelpunkt des Lobes bedeutet: »A fair man«! Und diese Leute, unaufhörlich aus der Ortschaft zur Burg wallfahrtend, waren sich ihres Heroen so sicher wie die Preußen sich des Alten Fritz.

Tintagel Castle aber ist eine seit langem zerfallene Ruine, vom Festland sich auf ein vorgelagertes Eiland erstreckend, auf hohen, windumtosten Klippen gelegen, von ziemlich verfetteten Möwen umkreist, durch seinen rudimentären Zustand atmosphärisch kaum ergiebig. Nur Reste von Mauern, ein paar Torbögen, sonst ist wenig genug vorhanden, doch das wenige scheint die Besucher höchlichst zu befriedigen. Im übrigen hat Artus hier niemals gewohnt, und zwar aus zweierlei Gründen nicht. Der Legende nach ist er hier nur gezeugt worden, auf trickreiche Weise, wie wir sie aus der Antike kennen. Die Angelegenheit ist rasch berichtet: In Tintagel Castle hauste und herrschte Herzog Gorlois mit seinem Weib Ygerna, die die schönste Frau in ganz Britannien war, falls man den obskuren Quellen glauben will. Jener Gorlois nun begab sich zusammen mit Ygerna zu einer

Festivität, die König Uther in London gab. Uther verliebte sich in Ygerna, Gorlois sah das mit Mißbehagen und verließ mit Ygerna den Hof von Uther. Uther aber wurde von seinem Trieb überwältigt, wußte jedoch, wie das eben manchmal in solcher Situation der Fall ist, keinen Rat. Er ließ den berühmt-berüchtigten Zauberer Merlin zu sich holen, legte ihm sein Leiden dar, und Merlin versprach Abhilfe: für einen hohen Preis. Er verwandelte König Uther in Gorlois und sich selber in einen Knappen, um, als der echte Gorlois abwesend war, mit dem Double nach Tintagel zu reiten, wo sie auch eingelassen wurden – der falsche Gorlois gar in das Bett Ygernas. Ein Remake der Amphitryon-Story also. Als Artus geboren war, erschien erneut Merlin, um seinen Preis zu kassieren, und just dieser war das frischgeborene Knäblein, das ihm übergeben werden mußte. Schade, daß dieser unvorstellbar telegene Vorgang sich auf dieser Burg nicht abspielen konnte, da sie erst 1145 von Reginald, Earl of Cornwall, einem unehelichen Sohn Heinrichs I., erbaut wurde – ein halbes Jahrtausend nach der Geburt unseres Helden.

Historiker fragen sich, ob er überhaupt ein König gewesen sei, oder nicht etwa nur ein »dux bellorum«, ein Heerführer, beauftragt von der Schar britischer Könige, die immer weiter vor der Invasion durch die Angeln und Sachsen zurückwichen. Denn seine vorgebliche Krönung ähnelt eher einem Wahlvorgang, wenn auch märchenhaft verbrämt. Als nämlich die Gefahr für das geopolitische Gebiet des ursprünglichen Britannien immer größer wurde, meldet sich Merlin, der Magier, beim Erzbischof von Canterbury und verlangt, dieser solle die Großen des Reiches zusammenrufen, denn Jesus werde ihnen in der Nacht, da er geboren war, in seiner Gnade ein Wunder offenbaren. »So wie ER einst König über die Menschheit geworden war«, schreibt der Chronist, »so wolle er zeigen, wer rechtmäßiger König über dieses Reich sei.« Nun, wir ahnen, was in jener medienarmen Epoche die Ankündigung einer solchen Sensation bewirkte: Alle kamen:

»Und als das Morgengebet und die erste Messe vorüber waren, gewahrte man im Hof (...) einen großen viereckigen Stein, der einem Marmorblock glich; darauf befand sich in der Mitte eine Erhöhung aus Eisen wie ein Amboß, und darin steckte mit bloßer Klinge ein prächtiges Schwert, und Worte waren in Gold darauf geschrieben, die lauteten: ›Wer dieses Schwert aus diesem Stein und Amboß zieht, der ist nach Geburt und Abstammung der rechtmäßige König von England!«

Trotz erzbischöflichen Verbotes (oder gerade dadurch besonders begierig) probierte jeder der Anwesenden, sich als einzig echter König auszuweisen, freilich erfolglos. Nur einem gelang der Kraftakt, und wir können uns leicht denken, wem: einem Jüngling, der von seiner eigenen königlichen Herkunft nichts ahnte. Und das Volk fiel auf die Knie und rief: »Wir wollen Artus zu unserem König!« Ein Vorgang, der Mark Twain angeregt haben würde, seinen Yankee eine Extraausgabe der mittelalterlichen Bildzeitung auf den Markt werfen zu lassen, im Stile jener von ihm oftmals persiflierten Zeitungen: ARTUS UM SCHWERTLÄNGEN VORN! WAISENKIND ENTPUPPT SICH ALS PRINZ! HUNDERT PROZENT STIMMENGEWINN FÜR ARTUS ALS CHEF!

Bedauerlicherweise liegen weder dergleichen Meldungen noch andere authentische Berichte über die Inthronisation vor. Ja, es gibt nicht einmal genaue Daten von seinem Dagewesensein. Was feststeht, ist, daß in jener zwielichtigen Zeit zwischen dem Abzug der Römer von der Insel und der Machtübernahme durch die Angeln und Sachsen weniger geschrieben als gekämpft wurde. Die vereinigten Briten, eben unter dem Mann namens Artus, schlugen die Invasoren, und zwar zuletzt entscheidend in der Schlacht von Badon im Jahre 518. Nur dieses Datum scheint sicher. Artus soll einundzwanzig Jahre später gestorben sein. Zumindest für ein Jahrhundert nach der Niederlage der antibritischen Koalition von Angelsachsen, Pikten, Scoten und Iren durften sich die keltischstämmigen Engländer dem hingeben, was erst Jahrhunderte später als fahrendes Rittertum romantisiert wurde.

Nachdem wir uns entschlossen haben, Geoffrey, wenn auch unter Vorbehalt, einigen Glauben in Sachen Artus zu schenken, erscheint ein anderer Geoffrey auf den schwankenden Brettern der Geschichtsschreibung: nämlich Geoffrey Ashe, unser Zeitgenosse, um uns erneut in Unsicherheit zu stürzen. In kühlem Ton meint er: »Keiner glaubt Geoffreys Behauptung in der Form, in der er sie aufstellt. Die ›Geschichte‹ (Geoffreys) enthält bei weitem zu viele ausgefallene Details, die in das 12. Jahrhundert gehören. Zum Beispiel spricht er von Normannen in Arthurs Armee. Dies ist ein eklatanter Anachronismus, wie es etwa Texaner in einer Geschichte über Jeanne d'Arc wären, und er kann sie in keinem alten Buch gefunden haben.«

Und Ashe fügt selbstsicher hinzu: »Im Mittelalter galt Glaubwürdigkeit mehr als Beweisbarkeit …«, wonach er uns seine Version der Artus-Geschichte erzählt, nicht ohne Spannung, wie der im Artus-Dunkel umhertappende Leser anmerken muß. Mit Auszügen aus Chroniken, Querverweisen auf historische Ereignisse und Personen gedenkt Geoffrey Number two zu belegen, Arthur, Artus sei eigentlich ein Jahrhundert früher, also im fünften, unter dem Namen Riothamus aktiv gewesen. Er, Geoffrey, schildert ihn als einen römisch erzogenen Kelten, ein Produkt ebenjener Wende von der Romanitas zur Barbarei. Unter Riothamus sei diese Romanitas wieder aufgeflackert; es habe noch viele Briten gegeben, die sich als »Bürger« und Latein als »unsere Sprache« verstanden hätten. Und weil die so diffuse Figur des Artus die Fantasie seit eh und je anregt, fragt sich Ashe – nachdem er von den Kriegszügen seines Artus in Gallien geschrieben hat –, ob nicht dieser vom Senat in Rom zu Hilfe gerufene Feldherr der Retter des Imperiums hätte werden können. Eine erstaunliche Karriere, zumindest in dieser eingängigen und populären Darstellung der – und ich wiederhole mein Stichwort – ungreifbaren Gestalt.

Ashes Feststellung, im Mittelalter habe Glaubwürdigkeit über Beweisbarkeit triumphiert, enthält ungewollt das, was man ein Eigentor nennt: Denn seine Beweise entstammen auch nur wieder mehr oder minder »glaubwürdigen« Chroniken, überlieferten Daten und Namen, welche oftmals im Gange ihrer Weitervermittlung Änderungen, Verfälschungen erfuhren. Und so habe ich mich nach dieser Lektüre auch gefragt, ob hier ein Sherlock Holmes am Werk gewesen ist oder ein Umberto Eco. Immerhin hat mich Ashes zeitlicher Rückgriff auf das Spätrömische veranlaßt, das Mittelalter zu verlassen und in die Ära einzukehren, in die er seinen König angesiedelt hat. Ich bin nach Bath gefahren, der Stadt, die nach dem römischen Bad in ihrem Zentrum heißt, um mir vom »Geist des Ortes« bestätigen zu lassen, ob an der Person des Riothamus wirklich etwas Arturisches sei, bin aber von ihm ignoriert worden. Zwar habe ich vor der heiligen Quelle gestanden und nach ihm gerufen, doch es kam nur 46 Grad heißes Wasser aus dreihundert Meter Tiefe, und geduscht hatte ich bereits. Mag sein, daß ich einen Wink erhielt, den ich jedoch nicht verstanden habe. Nur hier und an keiner Stelle des doch einst weitläufigen römischen Imperiums tritt man vor das Schreckensantlitz einer Gorgone mit Voll- und Schnauzbart, die mir aber eher gemütlich als beängstigend vorkam, jedoch eine Aussage verweigerte. Ohne irgendeine zusätzliche Auskunft über die Identität von Riothamus mit Artus kehrte ich von Aquae Sulis nach Cornwall zurück; auf meiner Landkarte waren genügend »Schauplätze« der Legende unterstrichen, und ich wollte die wichtigsten nicht versäumen, wie Castle Dore, Cadbury Castle, Camelford, wo jeweils, der jeweiligen historischen Forschung zufolge, Camelot gestanden haben soll, das Schloß des Königs, sein Hof nebst Tafelrunde.

Wir erinnern uns der erwähnten Erklärung, Artus habe für ein Jahrhundert Britannien machtpolitisch stabilisiert. Die Folge war, daß die Raufbolde und Totschläger seines Anhangs sich vermutlich fürchterlich langweilten. Und um möglichen Gefahren von Putschversuchen und Palastrevolutionen zu entgehen, gründete der weise Merlin die Tafelrunde der Ritter, die nun auszogen, den Heiligen Gral zu suchen, wobei sie Abenteuer auf Abenteuer absolvierten. Selbst Richard Wagner hat, im übertragenen Sinne, von dem gezehrt, was da geschehen sein soll. Schließlich saßen Parsifal und Tristan mit am Tische. Über den Gral gibt es unterschiedliche Nachrichten. Es soll sich um das Gefäß gehandelt haben, in dem Christi Blut aufgefangen worden war, und diesem Kelch schrieb man die erstaunlichsten Eigenschaften zu.

Schon sein Anblick war dazu angetan, Krankheiten zu heilen. Und aufgrund dieser therapeutischen Wirkung ist die gegenwärtige Forschung sich ziemlich sicher, daß es sich bei dem Gral um den Abkömmling eines viel älteren, heidnisch-keltischen Topos handelt, um den sogenannten Kessel der Kelten, einen ebenfalls recht sagenhaften Behälter, in den hineinsteigend man seine Jugend zurückgewinnt. Der Gral sei nur die Christianisierung eines heidnischen Motivs, wie üblich. Aufbewahrt wurde er in der Gralsburg, einem zur Gänze visionären Bau, für den es keinerlei Hinweise auf meiner Straßenkarte gab. Und Camelot, die Königsburg?

Wilfried Westphal erklärt, es sei ein Produkt der Fantasie, und wörtlich: »So, wie es in den Ritterromanen beschrieben wird, hat es den Ort nie gegeben. Selbst der Name ist eine späte Erfindung; in den ursprünglichen Quellen ist er nirgendwo zu finden. So nennt Geoffrey« – gemeint ist

Geoffrey Nummer eins – »den Sitz des Königs ›Stadt der Legionen‹ was er mit Kaerusc, dem heutigen Caerleon, gleichsetzt. Caerleon liegt in Wales, ein kleines Dorf in der Nähe von Newport, das noch heute imposante Ruinen aus der Römerzeit aufweist. Im 12. Jahrhundert (...) waren diese nach Aussage eines zeitgenössischen Chronisten so gut erhalten, daß er sie mit Rom verglich.«

Darrah, ein britischer Historiker, hinwiederum glaubt, Stonehenge sei der Sitz gewesen: »Obwohl dieser Gedanke niemals zuvor geäußert worden ist, sollten wir die Tatsache nicht außer acht lassen, daß es eine gewisse Übereinstimmung gibt zwischen dem, was die Tradition als Camelot, wo den Göttern gehuldigt und Könige gekrönt wurden, bezeichnet, und der Ansammlung megalithischer Denkmäler auf der Ebene von Salisbury, die auf die einstige Existenz eines religiösen Zentrums nationalen Charakters hinweisen.«

Nun – Stonehenge stand auf der Autokarte, ein Anziehungspunkt für Touristen und eine wahrhafte Sehenswürdigkeit, freilich ohne jede noch so entfernte Ähnlichkeit mit einer Wohn- oder Verteidigungsanlage. Riesige Blausteinblöcke, über die andere Blöcke türsturzartig quer gelegt sind, Dolmen, bilden zwei Kreise: eine steinzeitliche Sternwarte, einen Kalender, ein Heiligtum, und vermutlich dies alles in einem. Keine Rede von Artus, wohl aber von Druiden, den keltischen Priestern, die, das Monument von den Ureinwohnern übernehmend, hier Riten vollzogen, von denen nichts mehr bekannt ist. Menschenopfer, oftmals abgestritten, sind jedoch wahrscheinlich gewesen; im Bereich der Anlage wurden über fünfzig Bestattungen ausgemacht, Gräber mit menschlichen Überresten, an denen die Todesart nicht mehr diagnostizierbar war. Wichtig aber der Hinweis auf die Druidenpriester, weil, wie sich zeigen wird, hier eine Spur zu Artus, wenn auch eine spekulative, sich anzeigte. Diese ist mir jedoch erst viel, viel später bewußt geworden, nämlich nachdem ich meine weitere Tour innerhalb der Sagenwelt absolviert hatte.

Vorerst standen noch zwei bedeutende topographische Punkte im Artus-Reich zur Besichtigung an: »Slaughter Bridge« und »Avalon«, jener nebelhafte, nebulose Platz, wo der tödlich vrwundete, doch unsterbliche König der Auferstehung harrt. Von hier aus macht er sich auf, sobald England in Not ist und ihn ruft, um das Land zu retten; ein Pendant unseres Kaisers Barbarossa, der, dokumentarisch als Friedrich II. ausgewiesen und niemals bezweifelt, im Kyffhäuser schläft, während der Bart durch die Tischplatte wächst und eigentlich schon durch den Berg die Außenwelt erreicht haben müßte. Auch Barbarossa erwartet den Notruf der Nation, um die nötigen Hilfsmaßnahmen einzuleiten. Wir wollen hoffen, daß ein solcher Ruf an eine wie auch immer bärtige oder bartlose »Führerpersönlichkeit« nie ergehe.

Also auf zur »Slaughter Bridge«, der Brücke, an der Artus durch den Verräter Mordred seine unheilbare Verletzung empfing. Bis dato hatte der König seiner Tafelrunde präsidiert, hatte die *Jungs*, wie Mark Twain sagen würde, durch höfisches Leben unterhalten, sie auf die Gralssuche geschickt, sie zu ihren Abenteuern ziehen lassen, wobei sich das Abenteuerlichste unter seinen eigenen Augen begab: Einer der Burschen, Lanzelot, bändelt mit der Königin Guinevere an und machte Artus wirklich böse. Die Geschichte ging noch einmal glimpflich aus, obwohl Artus seine Gattin auf den Scheiterhaufen stellte, um sie zu verbrennen. Sie wurde durch Lanzelot zwar gerettet, doch letzterer bekam den Moralischen und begab sich als büßender Sünder in die Wälder. Er bekam übrigens den Gral zu sehen, doch weil er sich unmoralisch verhalten hatte, verbrannte ihm das strahlende Gefäß gnadenlos das Gesicht. Aber das nur ganz nebenbei mitgeteilt und nur darum, weil es für unsere letzte Station »Avalon« eine Rolle spielt.

Zurück zu Mordred und dem »letzten Gefecht«. Während Artus mit seinen Truppen einen Kriegszug unternimmt, erreicht »ihn die Nachricht, daß sein Neffe Mordred, in dessen Obhut er Britannien gelassen, sich die Krone aufs Haupt gesetzt hatte. Mehr noch: Der Verräter lebte in Sünde mit der Königin Guinevere, die das Treuegelübde ihrer Ehe gebrochen hatte.« Als Liebhaber oder Gatte ist Artus offenkundig kein As gewesen. Die allergrößte Gemeinheit jedoch, die Mordred ihm antut, besteht darin, daß er, der Ursurpator, sich mit den Todfeinden Britanniens verbündet: mit den Sachsen, Pikten und Scoten. »Für ihre Hilfe verspricht er ihnen territoriale Zugeständnisse – und macht so das Lebenswerk des Königs zunichte«, lesen wir.

Ob es sich um eine reguläre Schlacht zwischen den Truppen gehandelt hat oder um einen Zweikampf, bei dem Mordred fiel und der König schwer verwundet wurde, darüber sind sich selbst die fantasiebeflügelten Chronisten nicht ganz sicher. Nur die Stelle, wo das Blutbad stattfand, gilt als bestimmbar. Nicht weit von Camelford entfernt liegt ein graues, urtümliches Gehöft, »Worthyvale Manor«, heute als Hotel genutzt, neben dessen Zufahrtsweg von der Landstraße her ein Flüßchen träge hinläuft: der oder die Camel, damals Camlann genannt, überspannt von einer steinernen Brücke unbekannten Alters. Der Platz, selbst ohne die legendäre Determinante, macht einen bedenklichen, gar beängstigenden Eindruck, sobald man Straße und Weg verläßt, um ans Ufer des tief in die Landschaft eingeschnittenen Flußbettes hinabzusteigen. Unerwartete Totenstille, Gehölz, das seit eh und je keines Waldpflegers Hand berührt hat, kein Vogellaut, und selbst das über die Steine quirlende Wasser fließt ohne Glucksen lautlos davon. Ja, das ist die Stelle des sich gegenseitigen Abschlachtens! Zwar ist Atmosphäre etwas keinesfalls Beweiskräftiges, doch immerhin die Glaubwürdigkeit der tradierten Aussage betonend. Unter den überhängenden, die Düsternis verstärkenden Zweigen krüppelhaft verwachsener Bäume findet sich endlich, endlich ein unleugbares Indiz. Ein länglicher, stelenartiger, bearbeiteter Stein ruht wenige Schritte vom Wasser entfernt; auf ihm zwei Inschriften; die eine in Ogham-Schrift, eine Art Runen-Schrift, die andere in Latein: »Latin hic jacet filius Magori«: »Hier liegt Latinus, Sohn von Magorus« – was aber ebensogut Arthorus heißen kann, da die Witterung ihr schöpferisches Werk seit langem getan hat, um aus einem möglichen Beleg für die Geschichte erneut ein Rätsel zu machen. Unbestreitbar jedenfalls ist die Altertümlichkeit des Steinblocks, unbestreitbar, daß dieses tonnenschwere Stück als Touristenattraktion von »English heritage« kaum hergebracht wurde, aber doch irgendwann zum Zwecke des Eingedenkens, unter vermutlich großen Mühen, hier seinen Platz fand.

Wer glauben will, hat hier ein Objekt, das den Glauben bestätigt. Wer aber die historische Wahrheit wissen will, sieht sich von dem beschrifteten Klotz gefoppt. Denn es mag durchaus sein, daß oberhalb des Flüßchens ein früher Friedhof gewesen ist. Allein schon das Gehöft »Worthyvale Manor« ragt aus unvordenklichen Tagen in unsere Gegenwart: Es ist bereits im »Domesday Book« aus dem Jahre 900 erwähnt, einem Grundbuch allen englischen Grundeigentums, und diese Eintragung ist nun wirklich alles andere als Fiktion; sie benennt den Besitzer vor 1066, also ehe Wilhelm der Eroberer an der Kanalküste landete, die Anzahl der Sklaven und der Dörfler; die Größe von dazugehörigem Land und den Wert: früher 4 Pfund, jetzt 40 Shilling. Das, und nur darum habe ich diesen Auszug zitiert, ist geschichtliche Evidenz, nichts anderes. Größe, Umfang, Gewicht, Preis. Was darüber hinausgeht, bewegt sich schon im Raum des Hypothetischen, der Vermutungen und Annahmen. Und das ist wohl der Hauptgrund, warum Geschichtsschreibung ein endloses Unterfangen bleibt, das seine Anziehungskraft eben nicht aus den Fakten und Akten bezieht, sondern gerade aus der Deduktion. Wo unser Vorstellungsvermögen angeregt wird, sind wir mit erhöhtem Interesse, mit innerer Beteiligung dabei. Hundertprozentige Gewißheit über Tatbestände lassen uns kalt. Just dieses Moment bemühter Imagination an einem schlußsteinlosen Puzzle ist ja, was uns auch an der Artus-Legende fesselt, ob nun als bloß neugierige Bildungsreisende oder als beamtete Historiker und Archäologen.

Am Tatort »Slaughter Bridge« habe ich vergeblich versucht, den ferneren Weg des Königs zu erkennen; es ist dort kein See vorhanden, der für das Verschwinden der Majestät Vorbedingung wäre, wie es Sir William Malory am Ausgang des Mittelalters beschreibt. Denn als Artus schwer verwundet ist, nimmt ihn einer seiner Getreuen, Sir Bedevere, auf den Rücken und bringt ihn ans Ufer des Sees. »Als sie dort anlangten, sahen sie, wie sich ein Boot dem Ufer näherte: Frauen saßen darin, edlen Geblüts. Und sie trugen schwarze Kapuzen und weinten und klagten, als sie König Artus sahen.« Bedevere hebt den Todwunden ins Boot, das abstößt und langsam forttreibt. Artus, durch ein erhebliches Schädeltrauma bewegungsunfähig, ruft aus der Ferne, wie wir erfahren, dem Zurückbleibenden erstaunlich lebhaft zu:

»Ich begebe mich nun in das Tal von Avalon, um meine Wunden zu heilen; und wenn du nicht mehr von mir hörst, bete für meine Seele.« Eindeutig eine Opernszene, in welcher man sein langsames Sterben durch lautes Singen abzukürzen pflegt. Die Feen, in einigen Publikationen als Jungfrauen bezeichnet, rudern mit dem halbtoten Schreihals, mit dem »Patienten« laut Mark Twain, in jene Regionen, wo sich besagte Insel Avalon befindet, ein himmlisch-irdisches Jerusalem oder Niflheim, ein geographisch festgelegter, jenseitiger Kurort mit Damenbedienung. Kaum hat sich Bedevere vom Seeufer abgewandt, überfällt uns Malory mit der Fortsetzung der Inszenierung, indem er von Bedevere berichtet, daß dieser sich nach Glastonbury begab, zu einer Kapelle, »wo er einen Einsiedler fand, der vor einem Grab kniete, das frisch ausgehoben war ...«

Bedevere fragt nach, wer dort begraben sei, und erhält zur Antwort: »Mein Sohn, ich weiß es nicht genau, ich vermute es nur. Heute nacht, um Mitternacht, kamen einige Frauen und brachten einen Toten und baten mich, ihn zu begraben; und sie zündeten hundert Kerzen an und gaben mir hundert Goldmünzen.«

»O weh!« sagte Bedevere, »das war mein Herr und König Artus, der dort begraben liegt.« Und dann fügt der Chronist Malory hinzu:

»Aber der Einsiedler wußte nicht genau, ob es wirklich der Leichnam König Artus' war.« Wieder nur Ungewißheit, Schwanken, Irritation von Anfang an. Nur daß die Kapelle identisch mit Glastonbury sei, meint Malory genau zu wissen. Und durch solche Gewißheit in meinen Reisezielen bestärkt, habe auch ich mich, einigermaßen unlädierten Kopfes und per Wagen, nach Avalon begeben, das für eine Insel zu halten kaum jemand beifiele. Glastonbury nämlich, eine mittelgroße, typisch englische Stadt, liegt mitten in der Ebene von Somerset, und allein an ihrer einzigen Sehenswürdigkeit, nämlich einer im 16. Jahrhundert zerstörten und jetzt als prunkvolle Ruine präsentierten Abtei, befindet sich der Hinweis: Hier handele es sich um des Königs Avalon. Die Enttäuschung über den Insel-Mangel wird immerhin durch den massiven Schlußstrich, das sichtbare Finis der Affäre, kompensiert. Weil auf dem golfplatzgleichen Rasen und nicht weit von den Trümmern der schon ermüdete Detektiv eine Metalltafel entdeckt, die behauptet, just an diesem Fleck hätten im Jahre 1191 die Mönche nach den Gebeinen des Königs gegraben. Umrundet man das noch stehende Hauptschiff der Abteikirche, findet man auf einem anderen Rasenstück eine zweite Tafel mit umfangreicherem Inhalt, und zwar folgendem:

»Im Jahre 1191 wurden, wie es heißt, die Leichen des

Königs Artus und seiner Königin an der Südseite der Marienkapelle entdeckt. Am 19. April 1278 wurden ihre Überbleibsel im Beisein von König Eduard I. und Königin Eleanor in einen schwarzen Marmorsarg umgebettet. Dieser Sarkophag existierte bis zur Auflösung der Abtei im Jahre 1539.«

Dieses Schild steckt auf einem Eisenpfosten in einem steingerahmten Rechteck, das ebenso von kurzgeschnittenem Gras bestanden ist wie die weitgedehnten sanften Bodenwellen der parkähnlichen Umgebung. Vor dieser Grabtafel fragt man sich, ob darunter tatsächlich etwas »Beweisfähriges« versteckt sei oder doch wieder nur ein aus irgendwelchen Knochen zusammengesetzter Irrtum. Und man fragt sich ferner, ob man Adam of Domerham, einem der Mönche in Glastonbury, trauen könne, der im 13. Jahrhundert schrieb:

»Im Morgengrauen ließ der König das Grab des berühmten Artus öffnen. Man fand darin, in zwei Särgen, die mit Bildern und Wappen bemalt waren, die Knochen des besagten Königs, die von stattlicher Größe waren, und jene der Königin Guinevere, die von erstaunlicher Anmut waren ...« Nach ihrer Affäre mit Lanzelot und Mordred hatte sie sich reuevoll in ein Kloster zurückgezogen, um sich später, nach Artus' Tod, neben ihm beerdigen zu lassen. Was davon wahr ist, entzieht sich nach menschlichem Ermessen jeder Verifizierung. Tatsache nur, daß hier ein Friedhof war; daß Mönche Gräber öffneten; daß Gebeine umgebettet wurden – alles andere klingt zu gut, um Wirklichkeit gewesen zu sein. Falls man nicht bereit ist, mit einer höheren Wirklichkeit vorliebzunehmen. Berichtet wird nämlich, daß auf dem Grabkreuz gestanden habe: »Hic Iacet Arthurus, Rex Quondam Rexque Futurus«. »Der einstige und zukünftige König«. Sollte diese Inschrift tatsächlich vorhanden gewesen sein, enthält sie eine längst eingetretene Prophezeiung, im übertragenen Sinne wohlverstanden. Nicht eine christusgleiche Auferstehung war zu erwarten, keine Rückkehr des gesundeten Königs von Avalon, sondern die künftige Herrschaft einer mythischen Gestalt über die Gehirne künftiger Generationen. Artus, und das läßt sich ohne Einschränkung sagen, regiert im grenzenlosen Reich der Träume, der Literatur und der Geschichtsschreibung, welch letztere ohne Geschichten wie diese nicht denkbar ist. Insofern hat die Weissagung recht: Artus ist wahrhaft unsterblich.

Was ihm jedoch zur Unsterblichkeit verholfen hat, ja, möglicherweise überhaupt erst zu einem »glaubwürdigen« Dasein, bildet das Resümee unserer Betrachtung. Wollte ich eine These zum Thema wagen, und als Dilettant im Mittelalter unterliege ich weniger Hemmungen und Skrupeln als die zu »Forschung und Lehre« Befugten, dann würde ich behaupten, Artus ist eine pure Erfindung, ein rein literarisches Produkt, aber nicht eines jener mittelalterlichen Chronisten und fragwürdigen Berichterstatter, deren Quellen enorm trüb gewesen sind – nein, Artus ist das Erzeugnis eines seiner eigenen Zeitgenossen. Ich denke: Merlin selbst hat ihn geschaffen.

Erinnern wir uns der eigentümlichen Umstände, unter denen Artus gezeugt worden sein soll, an die Geschäftsbedingungen, die das Objekt, nämlich Artus, sofort in Merlins Hände »zum alleinigen Gebrauch« übergehen ließen. Neben dieser Sage von des Königs Geburt ist noch eine andere Version im Schwange, die meine These noch eindeutiger unterstützt. Unterhalb der Festung Tintagel höhlt eine mächtige Grotte den Fels, und an ihrem Eingang stehend, soll Merlin den Knaben Artus von einer Welle empfangen haben – ich würde diesen Vorgang damit übersetzen, er habe hier die Inspiration zu seiner literarischen Schöpfung erhalten. Merlin hatte damit sozusagen das Verfügungsrecht über Artus, eine metaphorische Umschreibung seiner Urheberschaft. Mit einem Wort gesagt: Er war der Autor der Story, und nicht etwa Geoffrey, Malory, Wace oder wie sie sonst heißen mögen.

Diese These wird massiv untermauert, sobald wir uns die Person Merlin näher ansehen, und zu solchem Zweck leistet uns wiederum ein Historiker Hilfestellung: Der Engländer Nikolai Tolstoy, ein weitläufiger Verwandter eines anderen Literaten. In seiner Untersuchung »Auf der Suche nach Merlin« spielt der Zauberer die Hauptrolle; Artus steht dagegen in der Statisterie. Und Tolstoy nun wendet sich vor allem dem keltischen Kulturkreis, der keltischen Sprache, keltischen Traditionen, dem Pandämonium keltischen Glaubens zu; vor allem haben es ihm die Druiden angetan, die nicht allein Priester sind, Vermittler des Göttlichen, sondern auch und vor allem Wahrsager, Propheten mit schamanistischer Praxis und – das macht aufhorchen – »Barden«. Das Wort, immer noch lebendig und auch uns geläufig, ist ein keltisches. Mit ihm sind Sänger bezeichnet, autosuggestivbesessene Dichter, welche im historischen Zwielicht, da Rom die ferne, unhaltbar gewordene Insel aufgibt, umherziehen, von Königshof zu Königshof, um das vorzutragen, was Tolstoy »Bardenpoesie« nennt, und er schreibt:

»Ihr Einfluß auf Könige und Höfe war beträchtlich. Ihre in Versen gesungenen Loblieder sicherten dem Fürsten Ruhm zu Lebzeiten und Ehre über den Tod hinaus ...« Und ferner:

»Wenn der Barde vortrug, war er von seinem *awen* inspiriert, einer göttlichen Eingebung, die den Dichter über sein gewöhnliches Selbst erhob und in eine Art innerer Erregung oder Ekstase versetzte. In dieser Ekstase, die die Form einer Trance annahm, bewegte sich der Barde oft über Gegenwartsbetrachtungen hinaus und weissagte die Zukunft seines Volkes mit beeindruckender Glaubwürdigkeit, Inbrunst und Überzeugung.« Modern ausgedrückt: Er schlug seine Zuhörer magisch in Bann! Merlin war ein solcher Barde und sein Name, laut Tolstoy: Myrddin Wyllt, »der Wilde«.

Und ein weiteres, wesentliches Moment will mir die Autorschaft Merlins an der Artus-Legende bestätigen. Seine unübersehbare und von den meisten Schriftstellern geteilte Eitelkeit; seine autoritäre Einmischung in den Handlungsablauf; die Dramaturgie der Angelegenheit, für deren Höhepunkte und Peripetien kein anderer sorgt als er selber. Er – im bildlichen Sinne – bringt das Kind Artus zur Welt; er arrangiert den Schwert-im-Stein-Test, der Artus die Krönung bringt, aber er, Merlin, ist der Königsmacher. Er führt Artus ein Eheweib zu und beschafft ihm, nachdem das Schwert Excalibur Nummer eins zerbrach, einen gleichwertigen Ersatz von der Dame im See; er gründet die Tafelrunde und veranlaßt die Suche nach dem Gral, und er warnte den König, »daß ihnen beiden vom Schicksal ihr Ende vorausbestimmt sei«. Klar – dieses ihr Ende ist ganz einfach der Schluß des Epos, dem keine Fortsetzung folgt.

Nicht zuletzt stößt uns eine historische Analogie auf, wenn wir noch weiter in die Geschichte zurückblicken und in andere europäische Räume. Wir denken an die Homeriden, die, umherziehend, die Taten der Götter und Menschen besangen, bis irgend jemand, der des Schreibens kundig war, das Gehörte kompilierte und redigierte. Aber da waren die eigentlichen Quellen auch schon versiegt, die Ursprünge verschüttet, die persönlich Beteiligten unter den ihnen angedichteten Masken verschwunden, die Schauplätze abgeräumt. Wie im Falle Artus.

Wozu freilich der unerhörte Aufwand solcher Mythisierungen nötig ist, liegt auf der Hand. Geschichte, ohne derartige Einkleidung und Überhöhung, ohne Transzendenz und Teleologie würde zur kahlen, nackten Mechanik des Immergleichen, das für alle, die zugleich verantwortlich und unverantwortlich sind, unerträglich wäre. Wir wissen von Theodor Lessing, daß Geschichte, Geschichtsschreibung, und ich möchte hinzufügen, auch Literatur, nichts anderes bedeutet, als Sinngebung des Sinnlosen, das sich der Mensch nicht einzugestehen wagt. Er ist abhängig von und süchtig nach Fiktionen, und selbst wenn ihm das bewußt ist, kommt er nicht gegen sein irrationales Erbteil an und kauft sich eine Fahrkarte und fährt nach England, um einem Gespenst zu begegnen. Der König ist tot! Es lebe der König!

Kafkas Prag

Aus einer Realität, zu der ich keine Beziehungen mehr habe, vielleicht weil sie sich selber aufgegeben hat, ist die Stadt Prag in mein Sensorium übergegangen, wobei sie sich auf ungewisse Weise verwandelte. Denn diese Stadt, die mich einstmals, am Anfang der sechziger Jahre, bei meinem ersten Besuch fast in einen Taumel versetzte, so als sei ich der verloren gewesene und nun heimgekehrte Sohn, hat inzwischen wie viele andere Städte auch die Metamorphose zum Museum erlitten. Damals – und ich gebe zu, daß dieses Damals sehnsüchtig und sentimental klingt – meinte man noch, die Sohlenabdrücke der Verschwundenen auf dem holprigen Kopfsteinpflaster des Altstädter Rings und in den Gassen und Durchhäusern dieses inneren Bezirks erkennen zu können. Zerfallende graue und krumme Schächte, düstere Torbögen, Zwischenhöfe, Friedhöfe und Plätze erweiterten unerwartet alles, was ich von Kafka gelesen hatte und fügten seinem Wort eine Dimension hinzu, die es für mich davor nicht besessen hatte. Das Abgründige der Texte, bisher vom Vorstellungsvermögen verbildlicht, gewann, zumindest was die Schauplätze betraf, eine deutlichere Kontur. Das beschädigte, ärmliche und erbärmliche Prag überwältigte mich: Etwa die längst gschlossenen Geschäfte oder Werkstätten, die durch grün gestrichene Rolläden oder verwitterte Fensterläden ihre Geheimnisse vor einer Welt verbargen, die selber jedes Geheimnis eingebüßt hatte und jedes noch existierende in den Sog ihrer brachialen Nichtigkeit zu ziehen unternahm. Immer wieder blieb ich vor diesen dicht verrammelten Schaufenstern und Ladentüren stehen, und hätte ich nicht befürchtet aufzufallen, ich hätte mein Ohr an das Holz gelegt, um mir meine Einbildung akustisch bestätigen zu lassen. Mir schien, es bestünde in all der unerreichbaren Abgeschiedenheit noch Leben, fast reglos, ähnlich dem von

Tieren im Winterschlaf, nur daß es sich hier um einen geschichtlichen handelte, an dessen Beendigung aber nicht zu denken war. Was jedoch hinter den abweisenden Sichtblenden stecken mochte, entzog sich schon ganz der Fantasie. Vermutlich lag dahinter nur Staub, ein dichter grauer Überzug über Resten von Mobiliar, und wenn jemand außer Mäusen und Ratten dort hauste, dann nur ein anderer überlebender Odradek, lautlos und stets aufs neue vorsichtig seine Spuren verwischend, um nicht dem Schicksal der Menschen anheimzufallen, denen diese Stadt nicht günstig gewesen ist. Eine Zeit der Stille und der Ahnungsfülle zwischen den abendlich verlassenen Gehsteigen, angesichts weniger erhellter Fenster, als sei der Rest der Einwohner nur damit beschäftigt, den Vorgängern hinterherzusterben oder sich hinter den dunklen und blinden Scheiben sonstwie zu verwandeln. Ich mied den Wenzelsplatz, den Lärm der Straßenbahnen, Autos, Lastwagen, Passanten, die über das wahre Wesen der Stadt hinwegtäuschten. Das fand ich eher am Anfang der Karlsbrücke, wo in einem Buchantiquariat der Graf Schönborn residierte und sich von den Kunden die Honeurs machen ließ; wo sich hinter der Barockfassade in jedem Stockwerk zahllose sehr schmale, seitlich von Bücherregalen begrenzte Gänge bis in die Nebengebäude erstreckten, ohne einen Abschluß erkennen zu lassen, und in denen nur alle fünf oder sechs Meter eine trübe nackte Glühbirne ohne Schirm von der Decke baumelte. Eine stockige Luft, modrig und mit dem Geruch von Papier versetzt, stand in diesen engen Durchlässen, und man mußte fürchten, weiter vordringend in die Dachböden vom »Prozeß« zu geraten, um das ohnehin befürchtete Urteil auch noch bestätigt zu bekommen.

Prag war, trotz der sich hier und dort zusammenballenden Klumpen von Touristen, die mit ihren Kameras auf die Rathausuhr zielten, um den Tod, von dem sie weder ahnten noch wußten, erscheinen zu sehen, für mich die Hauptstadt der

Einsamkeit, der Katafalk einer Vergangenheit, die, als sie sogar noch gegenwärtig war, schon mit dem Aussehen des Gewesenen und Abgeschlossenen auftrat. Hier hatte niemals eine Modernität stattgefunden, und was sie an Literatur hervorgebracht hatte, konnte sich nie von dieser Last lösen. Fast möchte ich sagen: Keine Stelle in Prag erwies sich frei von dem, wofür Kafkas Name ins kennzeichnende Adjektiv verwandelt worden ist; überall Merkmale einer Berührung wie von einer riesigen Hand, die sich von allem zurückgezogen hat und gerade dadurch auf sich verweist. Und selbst noch an Kafkas letztem Aufenthaltsort, dem »neuen« jüdischen Friedhof, spürte man diesen Umstand; ein Friedhof, der in seinen Hintergründen sich auflöste, in Natur überging, verwilderte, und wo der Pflanzenwuchs in diesem Grenzbereich die Gräber und Grabsteine zurückholte. Auf diesem Areal hatten die Toten zu ihren Lebzeiten viel Geld in ihr gegenständliches Nachleben investiert: Mächtige Monumente, Granit, Marmor, Bronze, Geschmack der Jahrhundertwende, hebräische Sprüche, deutsch klingende Namen, Katzenellenbogen und Grünthal, Rosenzweig und Süßkind, und sonst nichts weiter als eine völlige Verlassenheit. Dann: Auf einem verkehrt herum im Boden steckenden Obelisken Kafkas Name, dreifach, weil man ihm noch im Tode den Tort angetan hat, mit dem Vater und der Mutter gemeinsam begraben zu sein. Zugleich wurde er auch noch mit dem Titel »Dr.« versehen, worin sich die Abschätzigkeit gegenüber dem Schriftsteller andeutet. Und auch an diesem Ort »kafkaesk«, was uns ferner begegnete, denn als wir den Friedhof verließen, durchs Pförtnerhäuschen, durch das man ihn auch betrat, bot uns einer der Friedhofswärter geheimnistuerisch und radebrechend etwas zum Kauf an, das, dem ängstlichen gestischen Aufwand zufolge etwas höchst Unanständiges oder Gefährliches sein mußte, sich aber sofort als postkartengroße Fotografie des besagten Grabes entpuppte. Und während ich das Foto bezahlte, mit gleichgearteteter

Vorsicht und Umsicht, im Bewußtsein der Teilhabe an einem illegalen Akt, fehlte mir doch zugleich das weitere Bewußtsein, in einem Fragment zu agieren, dessen Mitschöpfer ich unwissentlich und unwillentlich ja selber war. Wir verhandelten schon in der Strafkolonie, und ich merkte es nicht. Erst sehr viel später wurde mir klar, was mir in diesem Prag widerfahren und warum ich der Faszination der Kafkaischen Welt so widerstandslos verfallen war. Weil sich in diesem Ambiente ein bestimmender Grundzug unseres Wesens vergegenständlicht hatte und widerspiegelte: Als ein Gleichnis, tröstlich wie alle Gleichnisse, weil sie unserem eigenen Geschick etwas Über-Individuelles beimengen und uns unserer Bindungen versichern.

Garten und Park

Zum Gedenken an Fürst Pückler und sein Muskau

I

Alles, was der Mensch anrührt, verrät ihn. Sobald er sich der Natur zuwendet, um Hand an sie zu legen, macht er sie zum Indiz gegen sich. Und er hat bis zum gegenwärtigen Augenblick nicht gezögert, den Terror gegen seinesgleichen auf die Natur auszudehnen. Die Gärten des Barock, eigentümliche ästhetische Gebilde, zu unserm Erstaunen und Entzücken vor uns hingebreitet, beweisen den brachialen Willen zur Unterwerfung alles Selbständigen und Unabhängigen unter Zwecke. Wer die Natur beherrscht, herrscht auch über alle anderen und alles andere. Wo jede Pflanze, jeder Busch, jeder Baum den verordneten Platz und eine zwangsweise Form erhalten, spiegelt sich die Vorstellung von einer Gesellschaft wider, deren Emblematik von der göttlichen Ordnung unmittelbar abgeleitet ist. Doch auf den zweiten Blick wird eine geheime Angst als gartenschöpferische Ursache ahnbar: Die Angst vor der Natur, die in jener Epoche nicht nur als Umwelt, sondern vielmehr als Innenwelt erfahren und gefürchtet wurde. Die »Triebe« bedürfen der strengen Zucht. Im Zeitalter des Absolutismus – und eben dafür zeugt dessen Garten – ereignet sich eine große Veränderung mit dem Homo sapiens. Das der Natur übergeworfene Muster entspricht auch seinem subjektiven Bedürfnis nach Musterhaftigkeit. Freiheiten verfallen der Geometrie oder der Irrenanstalt. Und es dauert lange, bis den Menschen seine innere Natur nicht mehr in panischen Schrecken versetzt, und erst dann wandelt sich die Perspektive auf strammstehende Botanik. Aufgeklärt wendet er sich »zurück zur Natur«, aber auch dieses Programm vollzieht sich unter ideologischen, nämlich romantischen Vorzeichen. Die wahre Natur bleibt ja das Unzivilisierte schlechthin und muß notwendigerweise dem neuen Naturempfinden angepaßt werden. So entsteht der englische Park. Aber das Grundprinzip, das den Garten von der Natur abtrennt und ihn zum Seelenraum für seine Besucher macht, hat die unterschiedlichen Gartengestaltungen überstanden: Immer ist der Tod ausgesperrt. Die sonst überall sichtbaren Merkmale des Sterbens, des Absterbens, des Vergehens werden stets sorgfältig entfernt. Der Garten altert zwar, stirbt jedoch nie und vermittelt seinen Benutzern das tröstliche Gefühl von Dauer, die Lebendiges nirgendwo besitzt.

2

»Alles beinahe schafft Geld und Macht, aber kein *Crösus* und kein *Alexander* vermögen die tausendjährige Eiche in ihrer Majestät wiederherzustellen, wenn der arme Tagelöhner sie einmal gefällt hat. Nur zu wahr ist es: furchtbar und schnell ist die Macht des Menschen im Zerstören, schwach und gebrechlich im Aufbauen. Ein alter Baum sey dir, freundlicher Leser, der du die Natur mit frommer Liebe umfassest, ein hohes Heiligtum …«

So der Fürst von Pückler-Muskau in seinen »Andeutungen über Landschaftsgärtnerei«. Seitdem ist unsere Naturliebe zur Selbstsucht entartet, die in der Natur nur noch den »Freizeitwert« sieht und sucht. Eine expandierende »Freizeitindustrie« verwandelt wie durch Zauberei den Erdboden unter unseren Füßen zum Gelände, auf dem der Zeittotschlag stattfindet. Golfplätze und Tennisplätze überdecken die Krume, Pisten und Loipen breiten sich infektiös aus, und am knisternden Kaminfenster sitzen die Skiläufer und klagen über das Verschwinden des Regenwaldes in Südamerika.

3

Wie Gott im Zentrum des Universums, so hockte der Schloßherr im Zentrum seines Parks, den er ebenfalls für seine Schöpfung halten mochte. Der Vergleich liegt nahe, denn für den Eigentümer war sein Park, war sein Garten eine Art Kosmos, ein Weltgefüge im kleinen, und sein Ehrgeiz ging oftmals darauf hinaus, fremde, gar exotische Pflanzen bei sich heimisch zu machen, um die Fülle und Vielfalt auszuweiten und zu komplettieren. Deshalb wird das Schicksal eines Schloßparks beispielsweise zum Abbild umfassenderen Geschehens; sein Untergang illustriert den Untergang jener Welt, der er entstammte und die er repräsentierte. Fürst Pücklers Schloß, erbaut 1815 bis 1845, überstand einhundert Jahre. Nach dem Zweiten Weltkrieg wurde es, wie die Fama weiß, als Vergeltungsmaßnahme in Brand gesteckt. Von der Ruine aus schaut man über die Neiße nach Polen hinein, in ungebändigtes Grün, in Wildnis fast.

4

Das Zeitalter der Aufklärung hat, indem es die Vernunft fast vergöttlichte, den frühen Naturwissenschaften einen umfassenden Einfluß zugestanden. Alles und jedes wurde berechenbar. Ob Astronomie oder Lotterie – die Zahlen regierten das Leben. Die klassischen Baupläne sind von einer rigiden Mathematik bestimmt. Vermutlich gehörte es zum Herrschaftsbewußtsein des Absolutismus, den jeweils individuellen Status durch unerschütterliche und unbezweifelbare mathematische Konstruktionen abzusichern, denen man allerorten Ausdruck gab. Da waren Hecken zu Mauern geschnitten, zwischen denen der Weg unausweichlich vor dem Schloß endet. Und selbst noch der solchermaßen erzeugte Schatten zwischen den Mauerhecken hat keine andere Funktion denn als Achse zielgenau den Bau im Hintergrund anzuvisieren. Wer solchen Weg ging, eine unaufhörlich sich perspektivisch verjüngende Gerade entlang, wurde auf die Ankunft eingestimmt. Bevor er zum Schloß gelangt war, hatte ihn die Symmetrie überwältigt und die Strenge aller Maße auf seine biologische Nichtigkeit verwiesen. Die geschlängelten Wege erwiesen sich übrigens kein bißchen menschenfreundlicher: Meist waren sie nur mit Kaleschen zu bewältigen und wirkten abweisend labyrinthisch auf jeden, der sich dem Herrscher auf Fußweise zu nahen wagte. Allein die Anlage der Wege verdeutlichte dem Besucher, wo er sich befand und wie er sich zu verhalten hatte: Tafeln waren überflüssig.

5

Pückler habe, heißt es, Harmonie, Erhabenes erlebbar gemacht, indem er Ecken geschaffen, wo man dem Ehrfurchtgebietenden nachsinnen konnte. Er hat sogar ausprobiert, wie sich verschiedene Laubarten bei Regen anhören, um eine besondere Wirkung zu erzielen. Denn der Garten ist, unter anderem, auch eine Inszenierung von Natur, eine Bühne, die man betritt, um eine vorgegebene Rolle zu spielen. Gewisse gärtnerisch auskalkulierte Stimmungen verpflichten etwa zur Rolle des Philosophen, zu der des introvertierten Melancholikers oder zu der heiter tändelnden des Verliebten. Immer jedoch besinnt man sich in der Einsamkeit solcher Idyllen auf sein Dasein, dessen Reflex man im Blühen und Verwelken zu erkennen meint. Entgegen aller artifiziellen Überformung besitzt die Natur dennoch die Kraft, uns den Eindruck zu vermitteln, daß wir Akteure in einem Stück seien, dessen Autoren wir nie gewesen sind. So stehen wir im Frühdunst oder im herbstlichen Schweigen vor unseren versteinten Idealen und erleben den Park als Gleichnis eigener Existenz.

6

Zwar zurechtgestutzt und zur Dekoration erniedrigt, verwandelt die Natur sich jedes Menschenwerk an. Sie überzieht mit ihrem Grün, was mit Ewigkeitsanspruch auftrat, und überwuchert alles Gebaute. Ließe man ihr ihren Lauf, von den berühmten Schlössern, Herrenhäusern, Burgen und Palästen wäre bald nichts mehr zu sehen als bewachsene Hügel, wie man sie beispielsweise in Yucatan antrifft. Von der Spitze einer mühsam ausgegrabenen Pyramide sieht man zahllose unter der Wildnis schlummernde. Und man fragt sich, ob es nicht doch viel besser sei, daß sie und ihre Geheimnisse dergestalt gehütet würden, als daß durch die Entblößung von Stein und Schutt ein Ausstellungsstück mehr in der Gegend sei.

Die Natur, selbst die noch als parkartig erkennbare, geht ihren Gang und schert sich nicht um uns. Sie kümmert sich nicht darum, daß heute durch Pücklers Park eine deutsch-polnische Grenze geht und ihn zweiteilt. Sie ist trotz unserer Eingriffe und unserer illusionären »Bändigung« so unerreichbar für unser Wünschen wie eh und je, so wie wir, Rohstoff eigener Art, es für uns selber sind und bleiben.

7

Faun und Nymphe die bevorzugten Figuren aller Parks: Bildungsreminiszenz an die Antike, an den Ursprung des Gartens als »Liebeslaube«, als »Zeugungsstätte«, denn kein anderer als Priapus war der dort herrschende Gott.

»Dir sind genug die Schale Milch, Priapus, und diese Kuchen alljährlich: Wächter bist du in ärmlichem Gärtchen. Vorerst haben wir dich aus Marmor gebildet; doch sollst du, wenn mir das Jungvieh die Herde vergrößert, golden erstehen« – so ruft Vergil den Hüter der keimenden und wachsenden Früchte. Zu seinem Ruhm sind das ganze Altertum hindurch Lieder und Gedichte geschrieben worden, die »Carmina Priapea«, eine Sammlung unzüchtiger und sinnlicher Texte. Der Gartengott lebte in allen Skulpturen der Parks fort, auch wenn sie andere Namen trugen oder andern Göttern glichen: auf ihn gingen sie alle zurück. Die verborgenen Grotten, die Labyrinthe, die heimlichen Wege, die sichtgeschützten Stellen – waren sie nicht in seinem Sinne angelegt? Und wurden sie nicht auch in seinem Sinne genutzt?

Versteckte Plätze bot jeder Park, Büsche und Hecken und Bachläufe, wo man trinken, sich kühlen und sich waschen konnte. Die Kulturgeschichte des Gartens und des Parks klammert stets den Garten als amourösen Ort aus. Eine »Sittengeschichte des Parks« wurde bisher nie geschrieben, obschon doch der Park nicht zuletzt auch der Liebe zu dienen hatte, der Sexualität, einem »Naturgeschehen« inmitten aller anderen.

8

Am Rande der Parks, wo nicht städtische Bebauung sie begrenzt, sondern wo sie in »echte« Natur übergehen, kommt das Verdrängte und Verleugnete sofort wieder zu seinem Recht, das besagt: Die Vergänglichkeit ist die notwendige Voraussetzung dafür, daß Neues aufwachsen kann. Ein Prinzip, daß die Gartengestaltung ständig zu leugnen versucht, da ihr Objekt möglichst unverändert Bestand haben solle. Dahinter steckt der Gedanke von der zentralen Position des Menschen in der Schöpfung und von der Natur als Kulisse. Nur wenn wir die Natur so zurichten, daß sie als Hintergrund unseres Agierens zu dienen vermag, erhalten wir uns unsere Selbstherrlichkeit und unseren Dünkel. Freilich: Jetzt ist der historische Augenblick gekommen, wo wir die

Fiktion von der dienenden Natur kaum noch aufrechterhalten können. Denn sie ist dabei, uns die weitere Gefolgschaft aufzukündigen. Wir haben sie zu sehr herumkommandiert und uniformiert, nun verweigert sie uns den Gehorsam. Möglicherweise werden wir uns eines Tages Parks und Gärten aus Plastik anlegen müssen, um der vergangenen schönen Tage gedenken zu dürfen, wo uns jede Pflanze gehorchte als sei sie ein Mensch.

Ich – Berlin

Die Wahrheit, wir gewönnen erst im Moment des Verlustes das Verlorene ganz für uns, indem es sich unauslöschlich einprägt, gilt auch für mich und meinen Geburtsort. Nur der Entzug bindet den von ihm Affizierten an sein Objekt, welches, wäre es natürlicher Veränderung und Verwandlung unterlegen, nicht solche Bedeutung hätte annehmen können. Das besondere Verhältnis zu Berlin, das sich späterhin ohne mein Zutun lockerte, bis es endgültig und amtlicherseits zerstört wurde, ließe sich im Grunde nur verständlich machen, wenn man im Tone des Märchens darüber berichtete. Das entrückte es jedoch aus der Sphäre des Schmerzes und des nahezu chirurgischen Behandeltseins in eine leidlose, abgeklärte, was die Perspektive verschöbe. Es wird schwierig mitzuteilen, was mir mit Berlin widerfuhr, das, als ich es bewußt anzusehen begann, bereits eine Legende war. Als wäre ich aus einem Leben in ein anderes übergetreten, aus einer Höhle, wie der Schläfer Rip van Winkle, ins Freie. Doch bestand, was sich mir darbot, nur noch aus dem Mythos seiner selbst. Es war zur Erinnerung der Überlebenden und damit zu einem bunten Muster von Anekdoten geworden. Was die Stadt einstmals einbegriffen und umfaßt hatte an Welthaltigkeit, an gesellschaftlicher und kultureller Dynamik, an historischem Konzentrat, existierte nicht mehr. Durch unzählige Risse war die Substanz dieser Stadt ausgelaufen.

Wie man in einer verarmten, kranken Greisin nicht das Urbild einstiger Schönheit und Berühmtheit zu erkennen vermag und doch immmer wieder hinter einer Geste, hinter einem Augenaufschlag, einem Ton die frühere Faszination zu erkennen meint, oder vielleicht nur sein eigenes ungenaues Wissen in dieses lebende Fossil hineindenkt, genauso erging es mir mit der Hauptstadt des Deutschen Reiches. Sie hatte sich in Schutt und Asche aufgelöst, und was von ihr noch stand, vermittelte mir das seltsame Empfinden, daß diese Trümmer, diese gerade noch oder kaum mehr bewohnbaren Gehäuse für eine Vergangenheit zeugten, die weitaus älter war als die eben geendigte jüngste. Auf schweigenden Hinterhöfen, rechteckig umstellt von den ausgebrannten Schächten trostloser Mietskasernen, wurden Gestalten ahnbar, wie von Zille gezeichnet und von Hans Baluschek gemalt. Das Gespenst eines unwiederbringlichen, plebejischen Berlin, von dem ich in Wahrheit nur noch einen Anhauch verspürt hatte, stand wie die Stille selber zwischen den brandgeschwärzten Mauern.

Immer war ich in den Ruinen auf der Suche nach irgend etwas, von dem ich gar keine Vorstellung hatte; das ich nicht fand und selbstverständlich niemals finden konnte: Die verlorene Zeit, die ich nur aus Büchern, Bildern, Fotografien, alten Zeitschriften und den Erzählungen und den Gesprächen Erwachsener kannte, denen ich, während sie glaubten, ich läse gespannt in meinem Buche, unbemerkt zuhörte. Das war – so verstand es das Kind, das ich viel zu lange gewesen bin, zwangsläufig übrigens – eine Epoche unvorstellbarer Freiheit und Friedlichkeit, eine des Glückes, der harmlosen Vergnügungen, des geruhsamen familiären Lebens. Als noch Hitler, wie man vergilbten Illustrierten entnahm, nichts als eine Witzblattfigur darstellte und leichterdings durch Emil und die Detektive hätte entlarvt und unschädlich gemacht werden können. Dieses ferne, friedliche Gestern war längst und plötzlich vorbei, als ich beiläufig davon hörte und las, doch dieser Umstand schien nicht in mein Bewußtsein gedrungen, ich hielt es offensichtlich für nur suspendiert bis zum Ende der Katastrophe. Danach würde es in alter, fraglos vermuteter Frische und Fröhlichkeit erneut erstehen. So streifte ich nach diesem zumindest äußerlichen Untergang in den Kulissen einer Stadt umher, von der ich, und nicht nur ich, eine Auferstehung erwartete. Meine verschwommenen Illusionen, mein lächerlicher Irrglaube waren immerhin durch meine Jugend, durch meine manische Neigung zu den kulturellen Resten des Gewesenen entschuldigt – andere besaßen diese Entschuldigung nicht. Ihre Blindheit für die aussichtslose Gegenwart ergab sich aus ihrem abgründigen Wirklichkeitsopportunismus, aus ihrem pragmatischen Anpassertum an die Gegebenheiten, die zu handhaben sie sich fähig wähnten.

Bier, oder was man so nannte, trank ich im »Café Mexiko« in der Prenzlauer Straße nahe dem Alexanderplatz, weil es, wie ich aus den Memoiren von Kriminaloberrat a. D. Wulf wußte, die berühmteste und höchst berüchtigte Verbrecherkneipe der zwanziger Jahre gewesen war, ein Ort, wo Franze Biberkopfs Verführer und Kumpane im Halbdunkel des Hintergrundes, gleich neben der Herrentoilette, einem präsumtiven Notausgang bei Razzien, ihre Pläne ausgeheckt hatten – heute, das heißt: im damaligen »Heute«, hockten ein paar gealterte Mitglieder längst aufgelöster »Sparvereine«, ein paar überlebende »Berufsverbrecher« herum und gedachten vermutlich auf ihre Weise des unwiederholbaren Einst.

Im Keller von »Lutter & Wegner«, Charlottenstraße 49, über dem anstelle des Hauses ein Hügel aus Ziegelbruch sich aufwölbte, habe ich mein erstes Honorar bis auf den letzten Reichspfennig verfressen, auf E. T. A. Hoffmanns Platz, ohne daß ich dabei seines Geistes teilhaftig geworden wäre. Nur eines der dem fruchtlosen, folgenlosen Erinnern preisgegebenen Gehäuse; ein anderes in der Sperlingsgasse die »Raabe-Diele«, die erst nach sorgfältiger Restauration (samt Straße) gerade jenem Subjekt der Geschichte anheimfiel, das auf seinen Umgang mit dem kulturhistorischen Erbe sich soviel zugute hielt.

Der Atlas auf Wertheims Warenhaus am Alex hatte den Globus verloren und folgte seinem Sturz. Davor jedoch hatte er auf die Berolina geblickt, die im Kriege eingeschmolzen und zu Munition verarbeitet worden war, so daß sie jetzt sonstwo, wahrscheinlich über ganz Europa verstreut ist und erst am Jüngsten Tag, der auch für Stadtgöttinnen gilt, aus ihrer Dekomposition sich erneut zu üppiger Pracht erheben wird. Hinter ihrem Rücken die Aschinger-Automaten schenkten mir Lachsbrötchen mit Ei, ein unvergeßlicher Geschmack und doch so rasch verflogen wie alles ringsumher. Durch die unglaubliche, heftige und fast zauberische Art der Destruktion blieb alles, zumindest in meinem Kopf, anwesend, und gerade dort, wo eine neue, überraschende Lücke im Stadtbild klaffte, erinnerte man sich des radikal Beseitigten besonders eindringlich. Je leerer die Stadt wurde, je ärmlicher und kahler, desto mehr belud sie das Gedächtnis.

Auch die Namen, öffentliche wie private, verwiesen auf das Abgeschiedene: Ufa-Palast am Alexanderplatz! Wie das am Abend strahlte und leuchtete, lärmender, klingender Verkehr, Betrieb, Menschenmassen, das Kind an der Elternhand nimmt alles wahr, sein Blick schwenkte wie eine Kamera die Münzstraße hinunter, hinüber zum Warenhaus, zum Bahnhof, zum Königstor, eine Kafkaische Maschine zeichnet mit feinen Nadeln Ansichtskarten ins Hirn, ehe eine Taxe angehalten wird, wir einsteigen, heimfahren in dunklere Bereiche, wo die Gaslaternen den Straßen eine submarine Stimmung verschaffen. Dieses merkwürdige Oszillieren zwischen kaum selber noch erlebter oder nur vermittelter Vergangenheit und einer Gegenwart, die zum Steinbruch abgesunken war, hat meine Gedanken bewegt und noch mehr meine Psyche.

Gewisse Überbleibsel besaßen die Latenz, eine Stätte des Eingedenkens werden zu können. Das alte Polizeipräsidium etwa, aus dunkelrötlichem Klinker aufgemauert, von dem ich aus der Trivialliteratur manches wußte, und das zugleich eine überwältigende und angstmachende Drohung bedeutete, da in ihm Verwandte und Bekannte verschwanden oder sich zumindest zu melden hatten. Weil dort Gestapoleute residierten, die wie böse Schemen in erlauschten Familiendialogen auftauchten, und die mit den wackeren Kriminalbeamten aus Ullsteins »Kriminalmagazin«, herausgegeben von Edgar Wallace, keinerlei Ähnlichkeit zeigten. Der mächtige Komplex, an dessen Rückseite man mit der S-Bahn vorbeifuhr, und von dem noch nach dem Kriege innere, nicht zu ortende Teile, Stockwerke, Seitenflügel, benutzt wurden, konnte sich vielleicht gerade darum dem fortschreitenden Abriß lange entziehen, bis er, unter ideologischer Begleitmusik, eine Zwingburg des deutschen Imperialismus sei gefallen, eines Tages gesprengt wurde.

Vordem verschwanden die kleinen, von vielen Luftangriffen durchgerüttelten Häuser in den schmalen Straßen um das neue Polizeipräsidium, wie die in der Keibelstraße, wo die Schwestern meines Großvaters wohnten, uralte Frauen, Tante Marie und Tante Auguste, die sich wie in Luft auflösten – es war aber Rauch, wie man bald darauf erfuhr, und zwar ohne Wort des Abschieds, ohne etwas zu hinterlassen, was auf ihr Dasein hingedeutet hätte: Nicht einmal die Szene ihres zwangsweisen Fortmüssens, nichts, keine Spur blieb, außer einer undeutlichen Erinnerung an zwei gemütliche Damen, die beide Brillen trugen. In diesen Häusern in der Keibelstraße, vermutlich weil hier gleich um die Ecke das schon vergessene Scheunenviertel gestanden hatte, ärmliche Unterkünfte für viele polnische Juden nach dem Ersten Weltkrieg, lebten noch im Dritten Reich jüdische Familien, mit deren Kindern ich in winzigen, karg möblierten Mansarden spielte. Ganz deutlich noch der Augenblick eines frühen, sensationellen Bekenntnisses gegenüber einem hübschen, rundlichen Mädchen mit schwarzen Locken: Ich sei Kommunist! Konnte aber, nach der Bedeutung des Begriffs befragt, keine zufriedenstellende Antwort geben. Dieser flüchtige, nichtige Moment und die Definitionsschwierigkeit haben sich erhalten, wobei ich selten genug auf beides zurückkomme. Die Einwohner, an deren Wohnungstüren gelbe Papiersterne klebten, das Haus selber, die ganze Straße, alles ist fort, ohne daß ich vor der Planierung noch einmal die farblosen, abgewetzten Dielen betreten oder einen Blick aus einem der Fenster auf die armnahe Brandmauer geworfen hätte. Die Toten, da sie keine Chance gehabt hatten, sich auf natürlichem Wege Schritt für Schritt aus dem Leben zu entfernen, mußten die geschoßzersiebten Fassaden, die Backsteingebirge, die demolierte Skyline zu einem an sie gemahnenden Denkmal machen – eine andersgeartete und dennoch ebenso archaische Steinzeit, die unfreiwillig und unvorhergesehen den Ausgelöschten Steinmale zukommen ließ, zur Beschwörung ihrer metaphysischen Anwesenheit, einer Einbildung, die, über alle literarischen Fiktionen hinaus, verborgene und unkontrollierte Wirkung ausübte.

Der anhaltende Verlust gewohnter Gesichter, Umgebungen, Anblicke, eine ungeheure Fluktuation des gegenständlichen wie des lebendigen Umfeldes, mußte emotionale und geistige Folgen haben. Stets wenn ich durch die zerstörte Stadt lief oder an bestimmten Stellen einem kaum mehr zu imaginierenden »Einst« nachhing und dabei den immer weiter um sich greifenden Abriß sah, die Enttrümmerung wachsender Areale, verband sich dieser Vorgang mit einem Gefühl leichter Leere und keineswegs mit einem, das unter dem Rubrum »Aufbau-Optimismus« zum alsbaldigen Verbrauch bereitlag.

Die Gäßchen um die Marienkirche, obwohl nur noch durch hinfällige Fronten markiert, bei Regen, wie alle Trümmerlandschaft jenen besonderen Duft von feuchtem Mörtel und Brand ausströmend, boten meinen Gefühlen, ziemlich vagen, wie ich gestehe, die Projektionsfläche. Ich stieg auch in halbverschüttete Keller hinab, ohne je etwas anderes zu entdecken als Kot, Papierfetzen, Lumpen, Flaschenscherben.

Die Unterwelt Berlins, ein von allen guten Geistern verlassener Hades, lag für jeden Neugierigen offen. Buntmetalldiebe durchstreiften ihn, für letzte Bleirohre, demolierte

Wasseruhren die Gefahr des Verschüttetwerdens auf sich nehmend; Ratten dazu, erstaunlich wenige übrigens, oder flohen sie scharenweise vor dem Knirschen der Schritte, dem Scharren der Sohlen auf Beton, Split, Glasbruch? Hinter der Kniprodestraße im Bezirk Friedrichshain erhob sich ein nicht beendeter, noch vor der letzten Ausbaustufe ausgebrannter Neubaukomplex, Quadrat aus öden Blocks mit einem fahlen Exerzierfeld inmitten, dessen Keller häufiger besucht schienen als andere. Dafür bürgt eine Reihe unscharfer Fotos, die ich im Dämmerlicht, zu dem man über wenige Stufen hinuntergelangte, mit viel zu unsicherer Hand für die viel zu lange Belichtungszeit aufgenommen habe: Berliner Graffitti. Keine Wand ohne pornographische Skizzen unterschiedlicher Größen und unterschiedlichen zeichnerischen Talents. Von rohen Symbolen, als hätte sie ein Troglodyt mit einem angekohlten Ast eingeritzt, bis zu geschickt komponierten, schmissig hingeworfenen Szenen, unter denen man sich damals selten die einer Ehe vorstellte. Dazu Namen und Daten, Ausrufe, Bitten und Initialen, keinem anderen Zweck geweiht als dem einer wortlosen, ewig ursprünglichen Vereinigung.

Ja, ich führte manche meiner vielen Freundinnen in solche Abgeschiedenheit, um mich dort mit ihr zu paaren, ohne über das von rascher Lust verborgene Motiv mir wirklich klar zu sein. Heute scheint es, es sei in solchem urtümlichen Akt etwas Atavistisches und unbewußt Magisches aufgebrochen. Als hätte sich da einer auf diese Weise körperlich mit der gestürzten Metropole vereinigen wollen, um ihr neues Leben einzuzeugen, sie physisch zu spüren, so wie die Antike Tod und Wiederauferstehen in ihren geheimen Mysterien darstellte und gleichzeitig zu erleben meinte. Ich kehrte mit meiner jeweiligen Eurydike immer unbeschadet ans Licht zurück. Ein kindisches und gedankenloses Spiel, nichts weiter. Wohl weil meine Kindheit, eben wegen der häufigen und starken Ängste, Bedrängungen, Bedrohungen, sich kaum »normal« entfaltete und den üblichen Entwicklungsprozeß nicht hatte durchlaufen dürfen, verlangsamte sich dieser notgedrungen und dehnte die Zeit der Adoleszenz, als solle Versäumtes, Verhindertes, Verpaßtes nachgeholt werden.

Die Liste der nachvollzogenen Zerstörung des der Zerstörung Entgangenen ist lang und nichtssagend für Nachgeborene, und es kommt auch nicht darauf an, Bauwerke oder Straßenzüge von kunstgeschichtlichem, von »nur« historischem Wert aufzuzählen. Ein Klang von Wehleidigkeit und Larmoyanz ließe sich dabei nicht vermeiden. Den wollen wir uns ersparen.

Betrachtet werden soll statt dessen, welche irrationalen Folgen das Versinken einer Stadt hat, eines dem Gedächtnis und dem Selbstverständnis dienenden Exterieurs, das zum psychischen Interieur geworden war, zur Innenwelt der Außenwelt, in welcher Sprengkommandos sich pausenlos betätigten, Mörtelstaub stob und wölkte, um, sobald er sich wieder legte, den Blick auf plane Flächen freizugeben. Das dadurch wachsende Mangelempfinden beschleunigte den Übertragungsmechanismus. Nun sollte wenigstens, was materiell hoffnungslos dahin war, durch eine geistige und gesellschaftliche Renaissance kompensiert werden. Anders gesagt: Die gewohnte Welt, mehr geahnt denn als Kompendium von Vergangenheit und Gegenwart begriffen, war hinüber, aber die in ihr entstandenen Ideen hatten überstanden. Ja, gerade sie schienen, wie Flöhe im Schützengraben, von der umfassenden Liquidation partizipiert und an Verbreitung und Wirksamkeit zugenommen zu haben.

Von den Büchern, die ich gelesen hatte, konnte ich nicht mehr absehen. Das Gelesenhaben war nicht mehr rückgängig zu machen. Ob Heinrich Heine oder Heinrich Mann, Georg Finck oder Erich Kästner, Kurt Tucholsky oder Erich Weinert – alles, was sich mit diesen Namen verband, die Vorstellung von Freiheit und sozialer Gerechtigkeit, von unbestechlicher Intellektualität, künstlerischer Unabhängigkeit, revolutionärer Menschlichkeit, Moralität und Charakterstärke, Übereinstimmung von Wort und Tat, politische Aufklärung. Wie romantisch und diffus sie in meinem Kindskopf gewesen sein mögen, sie bildeten in den Nachkriegsjahren die Maßstäbe, nach denen, wie es einem vorkam, geurteilt und gehandelt werden sollte. Sie waren nicht der abstrakte Ersatz für konkrete Lebensumstände, für die immer rascher sich verflüchtigende Umgebung, aber im biographischen Ablauf nahmen die für mich durch Literatur und einstigen Zeitbezug lebendigen Begriffe doch einen wichtigen Platz ein, und zwar eben den, der draußen zur Ödnis geworden war. Es waren eindeutig die Ideen des Sozialismus, die, wenn das »heile« Gestern schon nicht wiederherstellbar wäre, an dessen Stelle immerhin eine lebenswerte Gesellschaft begründen sollten, in der die geraubte, gestohlene, annullierte Vergangenheit aufgehoben sein würde. Durch Verwirklichung gerade dieser Ideen mochte sich die Wiederkehr der Toten, ihres unvollendeten Seins vollziehen und sie zu guter Letzt rechtfertigen. Als könnte der Vollzug von Menschlichkeit, von demokratischem und solidarischem Miteinander den Selbstmord Stefan Zweigs oder die Ermordung Erich Mühsams zurücknehmen. Jedenfalls schien das Empfinden, wenn schon nicht die Vernunft, dafür zu bürgen, was die späte Analyse nicht ohne gewisse Rührung zu erkennen meint: eine glaubhafte Identität dieser jugendlichen Figur mit ihren Vorbildern. Und von dieser Identität überzeugt, zog sie am 1. Mai mit Freunden und Genossen die »Straße unter den Linden« entlang, verteilte von einem Lastwagen Broschüren, dichtete simple Sprüche zur Aktivierung der »Massen«, weil die neue Zeit, in der eigentlich die gerettete Virtualität einer vorhergegangenen sich realisieren sollte, zu diesem Zweck derlei zu benötigen vorgab. Mit welchem Ernst und welcher Energie die Nächte hindurch diskutiert: über eine Zukunft, da der Mensch, eine machtvolle Spukgestalt jener optimistischen Tage, befreit von Knechtschaft und Tyrannei, von Gott und Kaiser und Tribun, endgültig zu sich selber und seinen wahren Interessen käme. Dem stand kaum noch etwas im Wege, allenfalls einige mangelhafte Anordnungen, »kleinbürgerliche Bewußtseinsreste«, ein dürftiger, leicht zu überwindender Widerstand von Uneinsichtigen.

Wenn andere sich geschlagen vorkamen, besiegt, erniedrigt – ich wußte mich befreit und das sicherlich zu Recht. Nur hielt weder der Zustand noch die Gewißheit vor. Dem sich ausbreitenden Druck entging niemand, allein es wurde unterschiedlich darauf reagiert. War man naiv und überzeugt, sich dem »Neuen« nicht feindlich gegenübergestellt zu sehen, sondern als Protagonist und Partner berechtigt, seine Meinung, eine abweichende, zu äußern, eine in vieler Hinsicht nützlichere, wußte man sich in der guten Gesellschaft progressiver Autoren, und somit im Recht. Später habe ich mich gefragt, woher der Unglaube an die politisch motivierte, amtliche Kriminalität stammte, der Zweifel an den furchterregenden Nachrichten, da doch das vorhergehende Muster von Untat, Verschweigen und Aufdecken noch präsent war. Wahrscheinlich lag der Unterschied bei den Idealen, ihnen hatte man kindlicherweise zugetraut, daß ihre ethischen Implikationen jeden Mißbrauch ausschlössen. Viele der Geretteten vermochten nur noch in diesen Idealen und Ideen relativ spannungsfrei zu existieren, denn das Ambiente, weil auf anderer mentaler und erkenntnisfähiger Ebene überlebend, erwies sich für sie so fremd wie zur Zeit ihrer Ausstoßung. Es blieb ihnen als Heimat und Familie nichts als »Die Sache«, ein »papiernes Jerusalem«, wie das Lenau nennt, und den Talentierteren unter ihnen bestenfalls die Kunst. Beides jedoch Bereiche, enorme Verluste an Behaustsein und Gemeinschaftlichkeit zu substituieren oder wenigstens auszugleichen.

Würde auch noch die Idee beschädigt, demoliert, indem

alle durch sie gedeckten »Irrtümer« als natürliche Erscheinungsweise aller Ideen zu verstehen wären, besäße man keinen Ort, nirgends, wo man angstlos zu Hause sein könnte, zugehörig, vertrauensvoll, kein Außenseiter mehr.

Zu meinem Glück und zu meinem Unwissen stak ich wahrscheinlich schon damals fast zur Gänze, bis auf einige ideologische Tentakel vielleicht, in einem besonderen Element, der Literatur, aus der man, hat man dort erst einmal Bürgerrecht erhalten, kaum noch exmittiert werden kann. Das milderte den neuerlichen Verlust jener recht luftigen Gegend, wo einem die Utopien zubereitet und genußfertig in Auge, Ohr und Gehirn flogen, und aus der ich vor langem vertrieben wurde, wie aus einem erdachten Eden. Es besaß auch nur die Konsistenz von Gedanken.

Die Ablösung Berlins von sich selber verlief damit synchron. Merkzeichen dieses Vorgangs zum Beispiel, als im Bahnhof Friedrichstraße das große Tryptichon von Horst Strempel, eine Allegorie von Krieg und Wiederaufbau, über Nacht mit der gleichen Farbe wie die übrigen Wände überstrichen wurde. Solch erster Schritt wirkte noch wie ein Tritt; die folgenden schon schwächer. Und als die ausgeglühten Panzerwracks aus der Frankfurter Allee entfernt worden waren nebst den Schuttbergen, und die Stadt an dieser Stelle sich regenerieren sollte, da bildete sich etwas aus, das sie innerhalb ihrer metaphorischen Mauern bisher nie erblickt hatte.

Wie viele eifernde Gespräche über eine Architektur, die zum übrigen so wenig paßte wie die großen Worte, mit denen diese Baukunst motiviert wurde: als aus den Traditionen dieser Ortschaft abgeleitet. Schinkel wurde aus seinem Grabe herbeizitiert, um Baulichkeiten zu bestätigen, deren Äußeres unverhohlen dem Innern gemeinhin versteckter Örtlichkeiten glich. Wann immer man dort ging oder fuhr, das Gewand der Straßenfront zeigte ständig Lücken, immer ragten Gerüste auf, die Kacheln auf die frischen Narben zu setzen, voller Gewißheit, daß sie irgendwann doch aufs neue herunterfallen würden. Am Straußberger Platz wurden die Hochhäuser bis zur Spitze eingerüstet, über Äonen hinweg vom ohnehin lockeren Dekor befreit und neu verputzt, und die Gerüchte über die Kosten wollten nicht verstummen, bis die Stunde kam, wo man sowieso aufhörte, das Brecht-Gedicht vom proletarischen Rechnungsprüfer zu zitieren, der den Finger auf die einzelnen Posten nachrechnend legen sollte, da er sie ja bezahlen müsse.

Maßlosigkeit uferte Plätze aus und hypertrophierte ehdem bequem zu Fuß zu bewältigende Straßen und Alleen. Der Beton, eben noch als Symptom menschenfeindlicher Dekadenz entlarvt, wurde rehabilitiert und unter Beifall auf der Tribüne eingemeindet. Seine Geometrie schob sich über die Altbauten hinweg und walzte sie nieder. Auch das Nachlaßlager, Kleine Alexanderstraße, wo im ersten Stockwerk eines düsteren Fabrikgebäudes ganz bestimmte Leute zu Stammgästen gegenständlicher Gewesenheit wurden, um in den Hinterlassenschaften verstorbener Mitbürger sinnlos zu kramen. Denn das einzig mögliche Verhältnis, das man zu dieser Stadt noch haben konnte, war ein archäologisches. Darum zog es einen in diese Hallen materieller Ärmlichkeit. Die Möbel, von keinem Erben gewünscht, aus den zwanziger und dreißiger Jahren, meist von der billigen Sorte. Die Polster zerschlissen, die Politur hier und da nur noch ein verschämter Schimmer; angebrochene Beine, abgeleimte Schnörkel, barbarische Reparaturspuren, wuchtige Nägel, dicke Leisten, grobe Sackleinwand über Löchern: eschatologische Zeichen einer Bevölkerung, der die Fama »Goldenes Herz und große Schnauze« und noch andere antiautoritäre Eigenschaften nachgerühmt; die das unverwechselbare Fluidum dieser Stadt hervorgebracht hatten. Ihre klapprigen Stühle und Tische, ihre hinfälligen Bettgestelle und Nachtschränke teilten eine stumme Botschaft mit; die letzte: Sie meldete das gründliche Finis eines Zeitalters.

Alles sonstige war bereits gesagt worden. Denn das wußte ich schon, daß nicht nur draußen vor den völlig verdreckten Fenstern die Ruinen in allen Stadien der Letalität, nicht nur die notdürftig renovierten Wohnblocks, die demnächst abzureißenden Kästen das Essentielle meines Geburtsortes ausmachten, und nicht nur und am allerwenigsten die Romane und Geschichten, die auf seinem Pflaster spielten; nicht die politischen Versäumnisse und der gewaltsame und vergebliche Versuch, sie zu korrigieren, Geschichte selber geradezubiegen – wesentlich ist dieser Menschenschlag gewesen, für den Goethe wenig und spätere Dichter viel übrig hatten. Auch er. Requiemwürdig. Minderheit, nicht mal gesetzlich geschützt, aussterbend wie der schnoddrige Spaß, der nichts mehr wagt; das großstädtische Selbstbewußtsein mittendurchgeteilt; die Identität durch radikalen Wandel der Daseinsweise erschüttert, so daß diese Aborigines, deren scharfer und treffender Mutterwitz der Überlegenheit des Hauptstädters entsprang (Mir kann keener, denn mir können alle!), mit ihrem geopolitischen Kontext auch die ihr Wesen bestimmende freche Selbstsicherheit einbüßten.

Die Eigentümer angeschlagener Suppenterrinen, defekter Grammophone, entfärbter Kunstdrucke, der traurig perforierten Regenschirme, der schmutzigen Bruchbänder und auseinanderfallenden Postkartenalben sind ins Jenseits verzogen, und wer noch anwesend ist, starrt, dem örtlichen Herkommen entsprechend, bei besserem Wetter stundenlang aus dem Fenster in »seine« Straße, wo sich nichts begibt und immer eine Sensation erwartet wird, welche, nachdem der Zusammenbruch jede erdenkliche in konzentrierter Form schon vollzogen, nie mehr eintritt.

Zum Schluß verharren reglose Gesichter alter Frauen hinter zugezogenen Küchengardinen, so daß sie schattenhaft bleiben, undeutliche Nornen, anachronistisch und sich möglicherweise sogar dessen bewußt. Nur sie sind in Wahrheit noch Berlin oder stellen doch dar, was diese Bezeichnung allein noch verdient. Das andere, kubisch und blind über der Spreeniederung erhoben, monoton und gleichgültig, von Schneisen militär-strategischen Ausmaßes durchkreuzt, durchsetzt mit haltlosen Plätzen – eine Großsiedelei, eine Fremde, die man nicht kennt; die einem nichts mehr zu sagen hat, und vor der man selber sprachlos steht, ehe man sich abwendet, um zu erstarren.

Berlin, Hauptstadt: kurzes Gedenken

Wie beginnen? Sentenziös: Aus zwei Städten entstanden, ist sie am Ende, falls es das Ende sein sollte, wieder in zwei Städte zerfallen. Kehrt so Geschichte zurück, irrational, fast grotesk, und stimmt es, daß jede kenntlich werdende historische Parallele auf die Irrationalität einer Wirklichkeit verweist, die die Parallele erst eigentlich ermöglicht?

Fragen ohne Antwort. Fest steht nur, wie gegenwärtig war auch zu Anbeginn diese Ortschaft ein Grenzpunkt:

»Noch um das Jahr 1200 war wirklich die Niederung der Spree, dort, wo sie nicht weit von ihrer Mündung in die Havel zwischen den wenig hervortretenden Hochebenen des Barnim und des Teltow mehrere Inselchen bildete und von Norden her die Panke in sich aufnimmt, eine recht unwirtliche Gegend. Ursprünglich hatten germanische Stämme sie bewohnt, am letzten Ende der Völkerwanderung, nämlich im zehnten Jahrhundert, waren diese jedoch von den slawischen Wenden verdrängt worden ... So kam es, daß zwar einige feste Burgen wie Brennabor, Spandowe und Köpenick von den Wenden angelegt wurden, die wichtige Handelsstraße dagegen, die bei dem Dorfe *Kollne* die Spree kreuzte, einstweilen ungenutzt durch das Land lief ...«

Dämmriger Anfang der örtlichen Biographie. Es wird vermutet, daß Kolonisten, Friesen und Niedersachsen, durch Überschwemmungen, durch Naturkatastrophen aus ihrer Heimat vertrieben, hier Fuß faßten und gegenüber Kollne (wendisch »Hügel«) eine zweite Ansiedlung gründeten, genannt »der Berlin« – ein etymologisch immer noch ungeklärter Name. Ob das Wappentier der Stadt damit in Zusammenhang steht, ist ebenfalls reine Spekulation.

Beide Orte, Berlin und Kollne, letzterer bald im deutschen Sprachgebrauch mit »Kölln« bezeichnet, erhalten um 1230, nachdem die Markgrafen Johann I. und Otto III. den wendischen Herzögen das Land abgekauft hatten, jeweils das Stadtrecht, ohne daß es ein gleiches Recht gewesen wäre. Kollne, mehr von Wenden als von Deutschen bewohnt, wird, vermutlich aus diesem Grund, benachteiligt. Die Verwaltung beider Städte ist rechtlich uneinheitlich. Der noch wendisch geprägte Flecken wird von markgräflichen Vögten regiert und unterliegt der geistlichen Aufsicht von Spandau, Berlin hingegen bekommt einen eigenen regierenden Rat und einen eigenen Probst. Die Divergenz wirkt sich auch ökonomisch aus: Berlin prosperiert, Kollne fällt wirtschaftlich zurück, bis 1307 so etwas wie eine »Vereinigung« der beiden Städte zustande kommt, sichtbar gemacht durch den Bau einer Brücke über die Spree.

Dieser obskure Start mag den meisten bedeutungslos erscheinen. Wer jedoch die versteckte und determinierende Gewalt einmal gegebener geschichtlicher Fakten ahnt, sagt sich, daß ein solcher Ursprung nicht ohne Folgen bleiben kann, und bestünden diese auch nur in einer viel späteren Gleichgültigkeit gegenüber urbanistischer Überlieferung und dem Verlangen, beinahe einer Sucht, nach eigener städtebaulicher Identität. Es hat wohl in Berlin wie in der Mark lange ein Grenzlandbewußtsein gegeben, das sich im Laufe der Zeit in eine Ignoranz der ererbten Umwelt, in einen Modernisierungseifer von ungewöhnlichem Ausmaß verwandelt hat; in dieser Hinsicht der amerikanischen Mentalität ähnlich, die, obwohl zeitlich weitaus später, einer vergleichbaren Situation entstammt. Und das Eindringen des Amerikanismus nach dem Ersten Weltkrieg in Deutschland, insbesondere in Berlin, hängt mit dieser geschichtlich begründeten lockereren Bindung zur vergegenständlichten Vergangenheit und damit zu einer deutlichen Aufnahmebereitschaft für alles Neue zusammen, im Gegensatz zu den westlicher wohnenden Deutschen oder überhaupt zu den Westeuropäern, die sich damals der ersten Welle des »American Way of Life« weniger geneigt zeigten als gerade die Berliner.

Zu den Folgeerscheinungen rechne man auch, was Griebens Reiseführer von 1929 so beschreibt:

»Die willkürliche Entwicklung der Stadt offenbart sich am besten bei der Betrachtung des Stadtplans; im Gegensatz zu Paris, das sich konzentrisch um die Cité, den Kern der Stadt, nach außen entwickelt hat, bildet Berlin ein unübersehbares Gewirr von Straßen, aus denen man vielleicht für einzelne Teile die planmäßige Anlage herausfinden, keineswegs aber den Gang eines natürlichen, organischen Werdeprozesses im ganzen verfolgen kann. Deutlich ausgeprägt erscheint nur der älteste Teil der Stadt an der Stelle, wo die Spree inmitten der Stadt eine Insel bildet, der Kern der Städte Berlin und Kölln, wie er sich mehrere Jahrhunderte hindurch innerhalb mittelalterlicher Stadtmauern gehalten hat ...«

Städte, besonders Metropolen, haben unleugbar ihr eigenes Schicksal. Nicht zufällig wählte sich die antike Polis die Tyche, die Personifizierung des Schicksals wie des Zufalls, zur Stadtgöttin: Unsere, die Berolina, eine nachträglich erfundene und wilhelminisch üppige Person, einst auf ihrem Sockel am Alexanderplatz herrisch posierend und den Anspruch der kaiserlichen Reichshauptstadt darstellend, trägt wohl kaum die Verantwortung für die weltgeschichtliche Verspätung des ihr unterstellten Ortes und der daraus resultierenden Ergebnisse. Dem Mangel an städtebaulichem Traditionsbewußtsein, früh konstituiert, wie gesagt, gesellte sich der cäsarische Ehrgeiz jeweiliger Herrscher bei, sich selber in ihrer Residenz architektonisch zu verewigen. Die preußischen Oberhäupter wie ihre bürgerlicheren Nachfolger verstanden sich selber als größte Bauherren, und die Einwohnerschaft, dem Überlieferten kaum zugeneigt, ließ den ständigen Umbau über sich ergehen oder stimmte ihm sogar zu. Gefragt wurde sie ohnehin nicht. Schon seit dem 15. Jahrhundert nicht mehr, denn: »Man spürte unwillkürlich den rücksichtslosen neuen Herrn, der 1415 Markgraf und Kurfürst wurde und mit einer Umgebung von fränkischen Adligen die elenden Zustände der Mark ohne viel Hochachtung für die Städte zu bessern unternahm. Noch schwerer fühlte sich die offizielle Stadtvertretung unter seinem zweiten Nachfolger, Friedrich dem Eisernen, vergewaltigt ...«

Diese »Vergewaltigung« hielt an: »Städtebau und Bauwesen Berlins«, so schreibt Werner Hegemann 1930 in seinem immer noch gültigen Buch *Das steinerne Berlin*, »unterstanden bis 1855 der Bauordnung aus dem Jahre 1641, die ergänzt wurde durch eine Verordnung aus dem Jahre 1763, sowie durch die sich anschließende ›Spezial-Bau-Observanzen für Berlin‹.« Und weiter: »Trotz des Erlasses von 1855, der die Anregung zur Beschaffung des Fluchtlinienplanes den Gemeinden überließ, beharrte darum der Berliner Polizeipräsident bei seinem Anspruch, Straßen und Plätze nach eigenem Ermessen zu planen ... Wer aber die Straßen plant, der plant auch die Baublocks, die zwischen den Straßen liegen, und damit auch die Art der Häuser, die auf diese Baublocks passen ...« Die Verantwortung für das Erscheinungsbild Berlins lag bei der Obrigkeit und blieb bis zum heutigen Tage bei ihr.

Nach den schweren Zerstörungen durch den Luftkrieg und nach der Teilung der Stadt in zwei Städte, trennte sich auch die architektonische Entwicklung, einerseits markiert durch das Hansa-Viertel (Berlin-West), andrerseits durch die Stalin-Allee (Berlin-Hauptstadt), und obgleich alle politisch bestimmenden Kräfte hier wie dort die Richtigkeit des eigenen Entwicklungsganges durch denunziatorische Verweise auf die Verderblichkeit und Falschheit des jeweils anderen zu bestätigen suchten, verband die feindlichen Brüder trotz aller ideologischen und gesellschaftlichen Gegensätze, was sie ererbt von ihren Vätern (und Vorvätern) hatten, die gleiche Destruktionsmanie.

Was die Bomben halbwegs verschont hatten, wurde ungerührt abgerissen, um Neubauten Platz zu machen, deren geometrische Einfallslosigkeit und industriell genormte Eintönigkeit mehr über die »Menschenfreundlichkeit« ihrer Planer aussagen als diese abstreiten können. Mitte der fünfziger Jahre erschien ein Bildband in Berlin-West, dessen dokumentenreiche Anklage gleichermaßen für den Zustand von Berlin-Hauptstadt Gültigkeit besitzt, und den Titel trug: »Die gemordete Stadt« – womit keineswegs die Kriegsschäden gemeint waren.

War die alte Stalin-Allee, jetzt Karl-Marx-Allee, ein Ableger der Gorki-Straße in Moskau und somit wahrlich ein »historisches Denkmal« (und auch so gedacht) einer auch optischen Einbindung der neuen ostelbischen Republik in einen größeren Staatenverband, so weist der aktuelle Großplattenbau auf Besonderheiten seines Standortes nicht mehr hin: Die Kastenwelt, falls ihr nicht hier und da eine überdimensionale Plastik beigegeben ist, trägt kein Kennzeichen ethnischer, nationaler, örtlich-bodenständiger Eigenarten an sich, sondern in übersehbarer Deutlichkeit ihren Geburtsmakel: den der billigsten fabrikmäßigen Prdouktion. Ihre Beliebigkeit ist ihr einziges Charakteristikum. Wie sie die Ho-Tschi-Minh-Straße seitlich begrenzt, die Lenin-Allee, die Leipziger Straße, genauso durchzieht sie Leipzig, Dresden und Karl-Marx-Stadt, ohne das Spezifische dieser Städte auszudrücken.

Wir wissen aus einer resümierenden Statistik der Bundesrepublik, daß der Wiederaufbau der Städte umfänglichere Vernichtung erzeugt hat als der Krieg selber – das läßt sich auch von Berlin-Hauptstadt vermuten. Es beginnt bei der Fischer-Insel, auf der sich heute elfgeschossige Wohntürme sinnlos erheben, und wo vordem Rettbares aus dem ältesten Berlin über Nachkriegsjahrzehnte hinweg seinem Verfall entgegenharrte: Das Haus, in dem Kleists Anti-Held Kohlhaas gehaust hat, und an dessen hölzerne Toreinfahrt mit der Erinnerungstafel, immerhin einem antiautoritären, antifeudalen Wahrzeichen, ich mich recht gut erinnere, genau wie an die Sperlingsgasse, in der Wilhelm Raabe seine gleichnamige Chronik schrieb, und an das winzige Restaurant »Raabe-Diele«, sorgfältig restauriert und dann doch abgerissen und planiert. Wenig ist geblieben. Seltsamerweise bewahrt ein Vorläufer Berlins, nämlich das erwähnte Köpenick, mit seinen niedrigen, sich aneinander stützenden Häusern ein Analogon auf. So oder so ähnlich mag es lange vor der Gründerzeit überall in Berlin ausgesehen haben wie in diesem, erst 1889 eingemeindeten Außenbezirk, der weniger durch seine idyllische Lage zwischen Dahme und Großem Müggelsee bekannt wurde als durch den Schuster Voigt: Der zog als falscher Hauptmann mit zehn unterwegs aufgegriffenen Soldaten ins Rathaus und beschlagnahmte die Kasse. Darüber hat die ganze Welt gelacht. Auch er und sein leichter Erfolg nur dort vorstellbar, wo dem Bürger Subalternität und ehrfürchtige Ängstlichkeit anerzogen worden ist – Jahrhunderte hindurch.

Wer das Berlinische Berlin in der Hauptstadt sucht, entdeckt es eher abseits der überkommenen, restaurierten oder auch neuen Repräsentationsbauten. Das Flair dieser einstigen Kapitale ist kaum noch merkbar. Nur als Eigenart dieses Menschenschlages, den Goethe nicht mochte, existiert noch, was wir als unverwechselbar an dieser Stadt halten, und was mit Tucholskys Kurzformel »Herz mit Schnauze« ein bißchen zu summarisch bezeichnet ist. Aber man muß es aufzuspüren wissen. Es hat seine Plätze, wo es in Erscheinung tritt, zum Beispiel in den Kneipen, den inoffiziellen Merkmalen der Stadt, seit Zilles Zeichnungen sie dazu gemacht haben. »Zur letzten Instanz« ist ein solcher Konzentrationspunkt, und derart jurisdiktionär benannt, weil aus den umliegenden Gerichtsgebäuden siegreiche wie unterlegene Prozeßparteien hier feierten oder ihren Kummer ertränkten, long long ago. Sogar ein letzter Rest der urtümlichen Stadtmauer hat sich gleich daneben gehalten, doch muß man schon das Umliegende ignorieren, um eine Vorstellung vom Berlinischen in sich hervorzubringen.

In solcher Kneipe, im Prenzlauer Berg, in Weißensee, im Friedrichshain, möglichst einer von der Modernisierung verschonten, läßt sich solchem Berlin begegnen; im Frühsommer, an einem Vormittag, während man aus dem bierdunstigen Dämmer des Schankraumes nach draußen schaut, wo die milde Sonne lädierte, noch immer kriegsbeschädigte Fassaden in ein narbiges Hell-Dunkel übersetzt, geruhsam Gestalten vorbeigehen, in deren Gesichtern die Ära und die Ereignisse ebenfalls ihre Spuren hinterlassen haben; Gesichter, wie man sie nur in den sich selbst überlassenen Seitenstraßen halbproletarischer Viertel zu erkennen meint. Nicht die Welt des Dietrich Hessling, des erfolgreichen Untertanen, umgibt den Spaziergänger, sondern immer noch die Franz Biberkopfs, dessen Söhne und vielleicht gar Enkel im wogenden Zigarettenrauch vor ihrer abendlichen Molle hokken, auf Gerechtigkeit und Glück wartend wie eh und je. Wer aber mit Döblins »Berlin, Alexanderplatz« in der Hand oder im Kopf, diesen selber aufsucht, wird enttäuscht werden. Gerade der Alexanderplatz, über den man, einem vergessenen Schlager zufolge, immer wieder mal mit der Hand fuhr, ein Kernstück der äußeren wie inneren Topographie des Berliners, Ort seines lokalen Selbstverständnisses, ist zu etwas anderem wiederhergestellt worden: Zu einer ermüdenden Weite, umstellt von Betonkulissen, an denen das Auge keinen Halt findet und das Gemüt, ebenfalls eine hiesige Sondereigenschaft, keine Befriedigung. Der Platz, nach dem Besuch Alexanders II. von Rußland im Jahre 1805 so benannt, präsentiert die fatalsten Bautraditionen: Statt bewohnbar zu sein, ein Raum leerer Monumentalität, und dem Individuum nur ein Sichtbarwerden als Masse zugestehend: Als einzelner hat man hier nichts zu melden und geht sich selber verloren. Und auch zu solcher Monstrosität ist bereits 1927 von Werner Hegemann in seiner »Kritik des Großstadt-

Sanierungs-Planes Le Corbusiers« das letzte, verneinende Wort gesprochen worden, sichtlich ohne Echo und korrektive Wirkung.

Berlinischer sind da die noch vorhandenen Hinterhöfe in der »größten Mietskasernenstadt der Welt«. In ihnen spielte sich ein großer Teil des Lebens ab, und auch heute noch bietet der Hinterhof, manchmal eine ganze Kette von ihnen, den von der Straße abgeschirmten Spielbereich für Kinder, bei warmem Wetter durchweht von Essensgerüchen aus offenen Küchenfenstern, durchtönt von Radiomusik, Ersatz für den Leierkastenmann, der aus der Realität in die lokale Kulturgeschichte abgedrängt worden ist, in welcher es ohnehin von seltsamen Käuzen, von Originalen wimmelte, denen die Ungunst der Zeit und der Umstände keine Wiederauferstehung in der Wirklichkeit gestattet.

Berlinisch die breiten Straßen, die Alleen, wie etwa die Schönhauser, der Mittelstreifen vom »Magistratsschirm« überdacht, jener Eisenkonstruktion aus der fernen Epoche vor dem Ersten Weltkrieg, auf der man hoch über dem Pflaster mit der Untergrundbahn zwischen Pankow – Vinetastraße und Thälmannplatz hin und her fährt, um hier und da für einen winzigen Moment erwartungsvoll und neugierig Einblick in Fenster zu nehmen, die zufällig offenstehen, ohne jedoch jemals etwas Außerordentliches zu gewahren. In den Nebenstraßen dieser Magistrale ist zu erkunden, was das »Eigentliche« an Berlin ist, zeit- und systemresistenter als es mancher wahrhaben möchte.

Der hypothetischen Wahrscheinlichkeit nach, zu der mich meine persönliche Erfahrung verleitet, bildet nahezu jede Wohnung in dieser Gegend den eindeutigen Ausdruck inneren Befindens, keine klischierte Darbietung des sozialen Status, sondern das verdinglichte »Gemüt« ihrer Bewohner, voll vom Kitsch unterschiedlichster Herkunft, Kram und Trödel eines vergangenen und doch unvergänglichen »Geschmacks«. Sogar auf kleine Lebensmittelgeschäfte mit der

Ladeneinrichtung der Jahrhundertwende stößt man hier, merkwürdige Stätten unbeachteter Gestrigkeit, und was andernorts längst der Sammelwut zum Opfer fiel, gehört noch zum täglichen Gebrauch: Messingne Klingelzüge und dekorzerklüftete Briefschlitzklappen, bleigefaßte Buntglasscheiben in Treppenaufgängen, gußeiserne, verschnörkelte Einfriedungen für Müllkästen im Hof – wie überhaupt die schon erwähnten Höfe sich als Aufbewahrungsorte und Elemente einer Kontinuität, zumindest einer atmosphärischen, erweisen, die auf allen sonstigen Ebenen längst abgerissen ist. Höfe mit Pferdeställen (ohne Pferde), mit Wagenremisen, mit aufgegebenen Schmiedewerkstätten, mit hölzernen Pressen, kelterähnlich, für Lumpen und Papier, mit Taubenschlägen und Schwengelpumpen. Weil Berlin-Hauptstadt eben doch der ältere Teil der Stadt ist und trotz anhaltender Tabula rasa die technisch-ökonomische Kraft zu einer schnelleren »Sanierung« nicht ausreicht, bieten die unfreiwillig erhaltenen Partien dem Berlinischen, das wir als das Wesen ihrer Bewohner begreifen, eine erst langsam verschwindende Heimstatt. So lebt ein Berlin – und zwar eines ohne phrasenhafte Adjektive und politisch-geographische Stempel – paradoxerweise in andauernder Letalität, aus der die Atmosphäre jener Straßenzüge, Plätze, Quartiere und Örtlichkeiten stammt, an denen überhaupt noch Atmosphäre feststellbar ist.

Doch am Ende, zumindest dieses Eingedenkens, wartet der Friedhof, nämlich unser Gedächtnis für das Abgestorbene und Absterbende, so wie die tatsächlichen Friedhöfe die Erinnerung an die gestern Gewesenen für eine Weile aufheben. Berühmt unter ihnen ist der für die Prominenz aus Kunst, Literatur und Medizin: Der Dorotheenstädtische in der Chausseestraße, wo Hegel und Fichte liegen, Schinkel und Chodowiecki, Hans Eisler und Arnold Zweig, Heinrich Mann und Bertolt Brecht und zahllose Fachärzte der angrenzenden Charité.

Ein anderer, kaum besuchter aber liegt an der Schönhauser Allee: Der alte jüdische Friedhof von 1827, eine trostlose, verlassene Anlage, einstmals von den Nazis schwer beschädigt, verwildert, mit Grabsteinen, die sich stumm und resignierend ins Erdreich zurückzuziehen scheinen: Auch sie so separiert und aus dem Verband der Lebenden ausgeschieden wie vieles in Berlin, das niemals wieder zu seiner einstigen Dynamik zurückgefunden hat.

Der geschichtsbildende Prozeß schleppt sich hin und wird von anderen »letzten Instanzen« entschieden. Nach relativ kurzem Dasein als Hauptstadt eines mächtigen mitteleuropäischen Reiches mußte sie mit dem Zerfall dieses Reiches ihre Bedeutung verlieren, und wenn wir den besagten prozessualen Vorgang als einen faktischen vor einem fiktiven Richterstuhl verstehen, dann ist zu fürchten, daß es nicht gut um den Ausgang steht. Die Geschichte stößt bekanntlich Weltstädte in das Abseits, in die Belanglosigkeit ihrer Anfänge zurück, ohne den Verurteilten die Chance der Appellation einzuräumen.

Und was auf dem alten jüdischen Friedhof der zentrale Gedenkstein uns mitzuteilen hat, das gilt auch und gerade angesichts dieser Stadt:

»Hier stehst du schweigend, wenn du dich wendest, schweige nicht.«

(Zitate aus: »Grieben-Reiseführer« Berlin und Umgebung – kleine Ausgabe, 1929; Werner Hegemann: »Das steinerne Berlin«, 1930; Wolfgang von Oettingen »Berlin«, 1923; »Berlin-Hauptstadt der DDR«, Architekturführer 1974.)

Ein Unort

Zu Fotos aus dem Scheunenviertel

Selbst in dem, was wir für Dokumente halten, unangreifbare Belege der Zeitgeschichte, bleibt uns häufig genug die Wahrheit des scheinbar Dokumentierten verschlossen. Diese Fotografien, Unikate von großem Seltenheitswert, zeigen nicht eine vergangene Lebensweise, jedenfalls die meisten nicht, sondern wirken wie ein unheimliches Menetekel. Als werde hier bereits vorweggeprobt, was später in den Ghettos des Ostens kurzfristiger Alltag werden sollte: Polizeikontrollen, ärmlicher Straßenhandel, sinnloses und massenhaftes Treiben außerhalb der verfallenden Häuser, Ausgeliefertsein an die Macht, deren Untergebene schon in ihrem bedrohlichen Aufzug die späteren Einsatzkommandos erkennen lassen.

»Im Scheunenviertel« heißt unser Buch, und wir sehen darin Bilder einer deutschen Vor-Vergangenheit, welche wir über die Schrecken jener späteren, »unbewältigten« Vergangenheit vergessen haben. Wir haben einfach vergessen, daß auch *das* Berlin gewesen ist. Und sogar ein ganz wesentliches Ingredienz der »Reichshauptstadt«, von dem sie Farbe und Atmosphäre erhielt. Aber, so fragt sich der Betrachter beim Blättern, war das tatsächlich das Scheunenviertel, was er da schwarz auf weiß in der Hand hält? Ganz gewiß nicht. Das Scheunenviertel war eine eigentümliche Mixtur aus vielen Bestandteilen, nicht nur Ghetto, nicht nur Unterwelt, nicht nur billiges Amüsierviertel, nicht nur Zuflucht der aus Polen eingereisten armen Juden, nicht nur ein »Zille-Milljöh«. Gerade seine ungewöhnliche Zusammensetzung brachte den Ruf hervor, den das Scheunenviertel in Berlin genoß. Für die Juden, die in Berlin geboren und längst assimiliert waren, zeigte sich das Scheunenviertel genauso exotisch wie für ihre christlichen, respektive »arischen« Mitbürger. Mit den Ostjuden, den »Planjes«, wie man sie abschätzig nannte, hatte man kaum Berührungspunkte. Möglich, daß noch der eigene Vater oder Großvater aus dem einstmals preußischen oder russischen, später polnischen Osten stammte, den Bezug aber zwischen der eigenen Abkunft und denjenigen, die diese Abkunft noch so unverhohlen repräsentierten, ignorierte, ja, verdrängte man. Wenige Gemeinsamkeiten bestanden. Der Glaube natürlich, falls er nicht »reformiert« war oder gänzlich aufgegeben. Jargonrelikte und bestimmte Speisen bildeten die restliche Erbschaft.

Zu meinem Vater in seine verblüffend winzige Produktionsstätte für Schreibblocks, Durchschreibebücher und Rechnungsbücher kam hin und wieder Herr Grünbaum: Ein Mann im schwarzen Mantel mit einer roten, ständig schniefelnden Nase, um ein bißchen zu betteln. Was da an Weltgeschichtlichem besprochen wurde, weiß ich schon lange nicht mehr, sehe nur Herrn Grünbaum, nachdem er meinen Vater länger von der Arbeit abgehalten hatte als diesem lieb war, zufrieden mit einem Obolus davonspazieren, den er vermutlich dafür erhielt, daß er freiwillig wieder verschwand. Dann blieb er aus, ohne daß man es recht bemerkte. Das geschah, als die polnischen Juden, selbst wenn sie deutsche Staatsangehörige waren, ausgebürgert und nach Polen ausgewiesen wurden. Ihr Schicksal als Vorwegnahme des eigenen verstanden von den später Betroffenen wohl nur wenige. Das echte, sozusagen originale Scheunenviertel habe ich selber nicht mehr kennengelernt. Als ich auf unselbständigen Kindesbeinen die Gegend um den Alexanderplatz an der Hand meiner Eltern betrat, existierte es nur noch rudimentär. Der mächtige Bau des Arbeitsamts im Speerschen Unstil schob sich wie ein Keil zwischen der Neuen Königstraße und der Frankfurter Allee auf den Alex zu. Nur hinter dem Bau der Karstadtverwaltung (ein mächtiger siebengeschossiger Block, der bald dem Polizeipräsidium zugeschlagen wurde und in dem sich auch heute das

Präsidium der Volkspolizei befindet), blieben die alten Gassen und Gäßchen erhalten, in denen etwas von der Atmosphäre des Vergangenen zu überleben vermochte. Von der bunten und lauten und grell beleuchteten Münzstraße ist ein bewegter Eindruck zurückgeblieben: Gestalten, vor denen sich wahrscheinlich nicht nur Kinder ängstigten, belebten die Straße, krasses Auftreten, Torkeln und Geschrei, Menschengeschiebe, vorbei an engen Kneipen, aus denen Bierdunst und Speisegeruch über die Passanten herfiel, Kramläden und Kinos, und dazwischen drängte sich unaufhörlich klingelnd die Straßenbahn durch den Verkehr, in dem Pferdewagen, Handwagen, Karren und Motordreiräder gleichberechtigt mitzogen. Kaum mehr als solche schon traumhaft gewordenen Impressionen hat sich erhalten; Filmfetzen, ohne Anfang und beschließendes Ende, Ausrisse aus einer örtlichen Biographie, die zu ihrer Erklärung wenig beitragen.

Deutlicher ist mir das Haus in der Keibelstraße, einer archaischen Berliner Baulichkeit, kein Haus über drei Stockwerke gehend, eine städtische Seltenheit, wo die beiden Schwestern meines Großvaters in zwei winzigen Wohnungen, vielleicht auch nur Wohnküchen, nebeneinander auf dem gleichen Flur hausten. Tante Marie und Tante Guste: einander höchst unähnlich, wie ich noch bruchstückhaft weiß. Die eine übermäßig dick und mit einer dominierenden Brille im runden Gesicht vor den unverkennbaren Augen, die andere hingegen hager und von männlichem Typus – ihre Behausungen sind mir nicht mehr gegenwärtig. Weil wir, so scheint es jetzt, andere Verwandtschaft in diesem Hause besuchten, das wohl hauptsächlich von Juden bewohnt war. Sonntags vermutlich erschienen wir am Nachmittag zum Kaffee bei den Falckensteins, deren Anzahl ich vergessen habe. Da der große Kaffeetisch stets dicht besetzt war, muß es wohl eine umfangreichere Familie gewesen sein, die eines Tages, ohne daß ich es merkte, meinem Blickfeld entschwunden gewesen ist, genauso wie Tante Marie und Tante

Guste, ohne daß ihrer bis heute jemals wieder Erwähnung getan worden wäre. Meist hielt ich mich an diesem Kaffeetisch nicht lange auf, gelangweilt von den Unterhaltungen der Erwachsenen. Bald stieg ich in die Mansarde empor, wo jemand wohnte, eine Frau, glaube ich, von der ich aber nur ihre beiden Kinder, zwei Mädchen, kannte, mit denen zu spielen ich die ausgetretenen Stufen emporsprang. Während ich eben noch aus einem Hinterzimmer lange Zeit fasziniert auf eine Brandmauer gestarrt hatte, überrascht und beunruhigt von der Nähe des Ziegelwerkes, das ein Mann mit ausgestrecktem Arm möglicherweise hätte berühren können, blickte ich nun gleich aus einem Mansardenfenster über die gegenüberliegenden Dächer offenkundig niedrigerer Häuser.

Übrigens spielten wir nie: wir unterhielten uns nur, das größere der beiden Mädchen und ich. Ob es äußerst intensive Gespräche gewesen sind oder bloße Hinneigung zu der Gefährtin weniger Viertelstunden? Daß ich mich an Beiläufiges erinnere, spricht sowohl für das eine wie das andere. Selbst meine hingeworfene Behauptung, ich sei natürlich Kommunist, habe ich seit damals nicht vergessen, während meine Gesprächspartnerin sich zum Zionismus bekannte, von dem ich nicht die geringste Ahnung hatte. Und seltsamerweise bin ich mir noch meiner damaligen Ambivalenz ihr gegenüber bewußt: Sie war mir verwandt und fremd zugleich, ein pummeliges, aber hübsches Mädchen mit langem strähnigen schwarzen Haar, das mir seine Schulbücher zeigte, darunter solche in Hebräisch, was in mir Bewunderung und zugleich Ärger hervorrief. Ihre Selbstsicherheit war für ihr Alter erstaunlich, und vielleicht veranlaßte gerade das mich zu meiner altklugen und vorwitzigen politischen Erklärung. Dann war ihre Erinnerung verweht wie alle anderen aus diesem Haus und den umliegenden Häusern. Außer diesem scharf erinnerten Augenblick, da wir uns beide auf blanken Holzdielen gegenüberstehen und reden, ist nichts geblieben. Doch immer wenn ich durch die Keibelstraße kam, in der nach Kriegsende noch die alten, verfallenen Unterkünfte aus einem unglaubhaft gewordenen Gestern standen, unter denen ich den Platz unseres kindlichen Dialoges nicht wiederentdecken konnte, erneuerte sich die kurze Szene. Aber das ist kein Nachleben.

Davon – von solchen nichtigen und gleichermaßen daseinsbestimmenden Eindrücken, von Kindergesprächen, in denen eine Zukunft endete, die gar nicht erst beginnen durfte – ist in den alten Fotos nichts merkbar. Polizisten, fromme Juden mit Bärten, schattenhafte Menschenansammlungen, bröckelnde Fassaden, hier und da ein Gesicht, das uns melancholisch anblickt – ist das das Scheunenviertel gewesen? Auch meine Gedächtnispartikel reproduzieren es nicht; es bleibt unbeschreiblich, weil es eine derart besondere Amalgamierung gewesen ist, die selbst in zeitgenössischen Texten nicht erfaßt wird. Das Scheunenviertel in seiner Unheimlichkeit und Beängstigung erregenden Unmittelbarkeit aller Begegnungen, eine Art Labyrinth, in dem unterzugehen es keines Minotaurus bedurfte, war viel zu sehr die Legende seiner selbst, als daß es durch eine literarisch-archäologische Feldstudie vorstellbar würde.

Gibt es Vergleichsmöglichkeiten?

Ließe sich etwa das Scheunenviertel als das »Soho« Berlins bezeichnen?

Nur das dichte Nebeneinander, die Verflechtung von Ehrbarkeit und rechtsbrecherischem Außenseitertum bildet Berührungspunkte, riefe aber, unkritisch akzeptiert, falsche Assoziationen hervor.

»Scheunenviertel« – ein semantisch reiches Schlüsselwort, voll Verlockung und Schauder. Was ich da vor endlos langer Zeit zu Gesicht bekam, gehörte dazu und auch wieder nicht, und ergab eine frühe Erfahrung: Selber nicht dazuzugehören. Am Rande dieses verschwundenen Scheunenviertels lernte ich meine eigene Außenseiterschaft kennen, ohne bis heute zu wissen, ob sie eine Strafe oder eine Gnade ist.

Berlin Revival

Keine andere deutsche Stadt ist in den letzten fünfzig Jahren so sehr den Stürmen der Geschichte ausgesetzt gewesen wie Berlin. Daß ihre Bewohner sie nicht aufgegeben haben, sondern trotzig und gegen alle Unbill in ihr ausharrten, macht deren Charakter deutlich. Tatsächlich gab es ja nach Kriegsende Überlegungen, die Stadt sich selber und den Russen zu überlassen, um sie unter gleichem Namen in der Lüneburger Heide neu aufzubauen. Ein Einfall, der uns heute grotesk anmutet. Freilich: Die Berliner, ausgestattet mit enormer Zähigkeit und Standfestigkeit, hätten sich wohl kaum umsiedeln lassen. Und: Lüneburger Heide? »Nischt wie Jejend!« – so hätte der umzugsunwillige Berliner die Fremde, die ihm fremde Landschaft abgelehnt.

Berlin ist aber – wider Erwarten – »auferstanden aus Ruinen«, wie es in der Nationalhymne der ehemaligen DDR heißt, auch wenn starke machtpolitische Interessen bestanden, solche »Wiederauferstehung« zu verhindern oder doch zumindest in Grenzen zu halten – in faktisch greifbaren Grenzen sogar. Doch diese Millionenstadt auf den Status eines Provinznestes zu fixieren, sie durch strikte Halbierung um ihre historische Bedeutung zu bringen, ist am Ende mißlungen.

Wenn man heute den Berliner fragen würde, was wohl für ihn die wichtigsten Nachkriegsereignisse seien, dann bezöge sich seine Antwort höchstwahrscheinlich auf zwei Ereignisse: den *Bau* der Mauer und den *Fall* der Mauer. Und beide Male reichte ein kleines Wort als Kommentar aus: Wahnsinn! 1961 meinte das ein schmerzliches Unverständnis, eine verneinende Ablehnung, und damit ein Urteil über die Erbauer; 1990 hingegen den Ausdruck von ungläubigem Staunen, von freudiger Verblüffung, ein Artikulationsmangel für den unerwarteten Schock: eben »Wahnsinn!«

Neunundzwanzig lange Jahre waren die Teile getrennt und jeweils mit anderen Bezeichnungen versehen: »Hauptstadt der Deutschen Demokratischen Republik« auf der einen Seite, auf der anderen Seite »Berlin (West)«. So sollte es nach dem Willen der »verdorbenen Greise« in Ostberlin, wie Wolf Biermann sie nannte , die nächsten fünfzig bis hundert Jahre auch bleiben. Dahinter verbarg sich die irrwitzige Hoffnung auf den Stillstand von Geschichte und darauf, die Menschen der Stadt würden sich auf Dauer der Trennung fügen und einander vergessen. Das Gegenteil trat ein. Nicht allein die gemeinsame Vergangenheit band die Berliner in Ost und West aneinander, es war vielmehr gerade jener unsägliche Zustand, der die völlige Gewöhnung ausschloß. Das Eingesperrtsein der Ostberliner gemahnte sie ständig an die Existenz des anderen Teiles, während die Westberliner, obschon sie ja reisen konnten, wohin sie wollten, durch ihre geographische Lage inmitten der DDR stets an die Unnormalität ihrer städtischen Existenz erinnert wurden. Und da, wo Ostler und Westler zusammenkamen, zusammenkommen durften, verdeckte der »Wahnsinn« ihrer Situation alles Gegensätzliche zwischen ihnen, das nun nach dem Fall der Mauer erst zutage tritt.

Berlin war durch die Spaltung der Welt, durch den »Kalten Krieg« an den Rand der globalen Entwicklung gerückt worden. Ost- wie Westhälfte wurden zu Ausflugszielen degradiert, zu Subeventions- und Repräsentationsstätten. Man wollte der jeweils andren Seite zeigen, wessen man fähig sei. Darum kreiste wohl alles Denken der politisch Verantwortlichen, indessen die Menschen selber ihren Alltag diesseits und jenseits der Absperrung zu bewältigen hatten, jenes Bauwerk vor Augen, das heuchlerisch »Antifaschistischer Schutzwall« genannt wurde, und von dem gegenwärtig kaum noch Spuren zu finden sind.

Daß die endgültige Gewöhnung an die Mauer nicht eintrat, lag vor allem daran, daß sie immer wieder durch Geschehnisse in das Bewußtsein der Berliner gerückt wurde. Denn immer wieder wagten es Verzweifelte, meist junge Leute, der Tristesse des sozialistischen Systems zu entfliehen, wobei sie ihr Leben riskierten und es in vielen Fällen auch verloren. Oder man erfuhr von einfallsreich inszenierten und geglückten Fluchtunternehmen, die nicht nur zu neuen Fluchtversuchen verlockten, indem sie auf die Überwindbarkeit der Mauer verwiesen, sondern die vor allem den Berlinern das Inakzeptable ihrer Lage stets aufs neue zu Bewußtsein brachten. Dergestalt wurde die Kalkulation der Mauerbauer widerlegt: Sie hatten darauf spekuliert, die Zeit werde die »Wunde unter dem Drecksverband« heilen, doch sie verkannten dabei völlig, daß die globalen Tendenzen zur Verstädterung der Welt, zur Aufhebung von Grenzen zwischen Nationen und Völkern ihrer Absicht gänzlich entgegenstanden.

»Berlin – nicht kleenzukriejen!« war einstmals der Titel eines Ostberliner Kabarettprogramms, und obgleich er nicht in diesem Sinne gemeint gewesen ist, liest er sich nun wie eine Prophezeiung, die in Erfüllung ging. Diese Stadt mit ihren dreieinhalb Millionen Einwohnern, immer noch größter Industriestandort Deutschlands, Kapitale eines einst mächtigen mitteleuropäischen Reiches, war wirklich »nicht kleenzukriejen«. Ihre historisch entstandene Rolle als ein wichtiges europäisches Zentrum konnte zwar eine Weile dispensiert werden, doch nicht bis zum Sankt-Nimmerleins-Tag. Berlin, das halbiert und abseits der Geschichte in einer Art Dornröschenschlaf vor sich hindämmerte, kehrt in die Geschichte zurück, von der es, gewiß nicht ohne eigenes Verschulden, so lange ausgeschlossen gewesen ist.

Voraussagen erweisen sich meist als irrig, doch ist anzunehmen, daß die wiedervereinigte Stadt, möglicherweise gerade aus dem Umstand ihrer langen Abwesenheit von der Weltbühne und darum aus einem Nachholbedarf heraus, sich mit doppelter und dreifacher Energie ihrer Zukunft zuwenden wird. Sosehr vieles an menschlichen Schicksalen ist in Berlin nicht ausgelebt worden, mußte sich durch Unterdrückung und offizielle Individualitätsverleugnung mit einem reduzierten Dasein bescheiden. In Berlin lebte man die Mauerjahre hindurch auf Sparflamme: Die Urbanität Westberlins war eine teure und keineswegs immer überzeugende Inszenierung, die in Ostberlin hingegen eine erbärmliche Posse. Jetzt ist Berlin eine »offene Stadt«, eine Stadt mit einer großen und keineswegs auf die nationalsozialistische Zeit einzuschränkenden Vergangenheit. Berlin hatte ein internationales Flair während des Bestehens der ersten deutschen Republik und wird es voraussichtlich wieder haben. Ob das nun heißt, Berlin werde »multikulturell« sich entwickeln, bleibt ungewiß. Sicher ist jedoch, daß gerade Berlin stets eine besondere Eigenschaft hatte, nämlich die »Zugereisten« in kürzester Zeit zu integrieren.

»Die ersten Ansiedler in der Mark waren Holländer. Der Kurfürst gestattete sogar einigen jüdischen Familien, sich in seinem Staate niederzulassen. Ludwig XIV. hob (1685) das Edikt von Nantes auf, und mindestens 400000 Franzosen verließen ihr Land. Die Reichsten wanderten nach England und Holland aus; die Ärmsten, aber Fleißigsten kamen nach Brandenburg, etwa 20000 an der Zahl. Sie halfen unsere verödeten Städte neu bevölkern und brachten uns alle die Manufakturen, die uns fehlten.« Soweit Friedrich der Große über *seine* Ausländer. Fernerhin kamen Wallonen, Orangeois und französische Schweizer: Viele ihrer Namen, durch die Zeiten von ihren Nachkommen getragen, findet man im Berliner Telefonbuch blätternd wieder. Später erschienen die Scharen der Polen, häufig als Schnitter, als Hilfsarbeiter, von denen immer welche blieben, und auch ihre Namen sind zu normalen Berlinischen Namen geworden. Der echte Berliner stammte ja, wie ein Witz wollte, aus Breslau. Mag sein, daß die enorme Vitalität Berlins dieser Mischung entsprang; daß gerade das Nebeneinander und zwangsläufige

Miteinander gegensätzlicher kultureller Herkünfte diese besondere Gewieftheit und Cleverness des Berliners hervorbrachten. Wir erinnern uns: Nach New York war Berlin in den *Goldenen Zwanzigern* der erregendste Platz, der Menschen von überall her anzog.

Ein Spaziergang durch Berlin heute – nach überwundener vierzigjähriger Teilung – gleicht einem Wechselbad. Die Stadt scheint aus unvereinbaren Elementen zusammengewürfelt, das Ergebnis von vierzig Jahren unterschiedlicher Planung, unterschiedlicher Bebauung, unterschiedlichem Erhaltungszustand. Manche Viertel, wie etwa der Bezirk Prenzlauer Berg im Ostteil, erwecken den Eindruck, es stünde ihnen weithin der Abriß bevor. Der Verfall ist hier schlimmer als in vergleichbaren Wohnstätten im Bezirk Kreuzberg, wo immerhin Sanierung und Renovierung stattgefunden haben. Kreuzberg ist ein Quartier jenseits durchschnittlicher Bürgerlichkeit, ein Ort der alternativen Szene. Überall Kramläden und Kneipen, Trödler und Gebrauchtwarenhändler – ganz in Übereinstimmung mit diesem Viertel, das selber wie aus zweiter Hand wirkt. Hier bewußt zu wohnen bedeutet, eine bestimmte Lebensweise vorzuziehen, einem bestimmten Lebensgefühl Ausdruck zu geben. So wie schon vor mehr als einem Jahrzehnt Künstler, Schriftsteller, Abweichler von der DDR-Norm sich in Prenzlauer Berg niederließen, so zieht auch der Kreuzberg ungewöhnliche Leute an, obwohl die Hymne des Viertels »Kreuzberger Nächte sind lang ...« längst verklungen ist.

Von hier aus führt der Weg über die Köpenicker Straße nach Treptow, wo sie sich Köpenicker Landstraße nennt: Auf der Bezirksgrenze steht noch ein Wachturm der ehemaligen Grenzbefestigung, jetzt umfunktioniert zu einer Mini-Kunstgalerie.

Treptow lockt mit dem Treptower Park, der in den Plänterwald übergeht, in einen Rest von Stadtforst, verwildert und einsam, also ideal für besinnliches Schlendern. Trampelpfade begleiten die Spree, und wer hier entlang bummelt, der verliert die Vorstellung von einer Großstadt. Was immer sich in Berlin verändert und gewandelt hat, Treptower Park und Plänterwald bieten noch Natur inmitten übervölkerter Partien. Mit einem gemieteten Ruderboot kann man sich auf dem trägen Fluß treiben lassen. In der Woche kaum besuchte Ausflugslokale laden dazu ein, die Leere zu genießen.

Von Kurt Tucholsky gibt es einen Aufsatz mit dem Titel »Dorf Berlin«, und selbst heute, nach allen Katastrophen und Umstürzen, erweist sich manches hierorts als immer noch gültige Rechtfertigung dieser ironisch gemeinten Überschrift. Selbst inmitten des sonstigen Trubels und Verkehrshorrors liegen Inseln der Beschaulichkeit. So etwa in Charlottenburg zwischen Neuer Kantstraße und Kaiserdamm der Lietzensee, von älteren Damen nebst ihren Hunden umrundet, eine grüne Oase, die insbesondere am Abend in märchenhafte Einsamkeit verfällt. Und sähe man nicht über die Baumwipfel hinweg die erleuchteten Fenster der oberen Stockwerke ringsum, nicht den mit Lichterketten besteckten Funkturm, man könnte sich in einen Kurort versetzt glauben. Ist das überhaupt noch Berlin? Das eigentliche, das »echte«?

Mir scheint, der Wanderer zwischen den städtischen Welten hat ungeahnte Möglichkeiten, *sein* Berlin zu entdecken. Für den eiligen Besucher ist es wahrscheinlich der Ku'damm oder die Straße »Unter den Linden«, das Internationale Congreß-Centrum (apostrophiert als »Panzerkreuzer Charlottenburg«), die Museumsinsel, die Philharmonie, der Friedrichstadt-Palast, die Nationalgalerie, das Charlottenburger Schloß, der Reichstag und das Brandenburger Tor. Ist das Berlin? Gibt es denn so etwas wie das unverwechselbar Berlinische?

Für mich, muß ich zugeben, sind es niemals die steingewordenen Hervorbringungen von Macht und Geld gewesen. Mein Berlin, um es einmal derart individualistisch zu sagen, befindet sich überall und nirgends, lebt im Atmosphärischen, das jedoch an manchen Stellen besonders merkbar wird. Wäre es nicht zu pathetisch, ließe sich von der *Seele* der Stadt reden, die einem nicht immer, nicht zu allen Tages- und Jahreszeiten begegnet. Ein Punkt, wo man ihr zu begegnen vermag, ist, um ein Beispiel zu nennen, der Gleim-Tunnel, eine dämmrige S-Bahnunterführung nahe der Schönhauser Allee: Eben noch war er vermauert und scharf bewacht, nun ist er offen. An seiner Decke befinden sich regelmäßige Reihen tennisballgroßer runder Löcher: Bei Sonnenschein – und eben das bewirkt den magischen Moment – glühen, ähnlich der Landebahnbeleuchtung, im Tunnelpflaster Lichtpunkte auf, die die wenigen Passanten und Radfahrer entwirklichen und zu Hadesbewohnern werden lassen. Berlin ist nämlich auch voller Gespenster eines Gestern, dessen abruptes Ende die Scharen der Verschollenen zum Spuken animiert. Keiner weiß ja zu sagen, ob nicht unter den durch Bepflanzung übergrünten Schuttbergen noch Berliner liegen, deren Geistern man sich in gewissen günstigen Augenblicken nahe weiß. Die Hügel im Friedrichshain, im Humboldthain, spöttisch »Mont Klamott« getauft, bergen gesprengte Flakbunker und Ruinenreste der halben Stadt, und weiß der Teufel, was sonst noch. Ein neuer E.T.A. Hoffmann könnte uns gewiß mehr darüber mitteilen.

Berlin ist ebenso die Mietskaserne, der Hinterhof mit all seiner Schäbigkeit und all seinem grauen Zauber. Verkehrslärm, Straßengeräusche sind ausgeschlossen. Inmitten des Kopfsteinpflasters erhebt sich die obligatorische Kastanie in einem ausgesparten Rechteck, damit man berechtigt sei, statt von Hinterhof von »Gartenhaus« zu sprechen. Auf dieser vereinsamten Bühne traten die Leierkastenmänner auf, die es nicht mehr gibt, rief der Lumpensammler seine kaum verständlichen Sprüche zu den Fenstern hinauf, seine Absicht, »Lumpen und Papier« kaufen zu wollen, und erschien jener Zwischenhändler, der »Kleinholz für Kartoffelschalen« anbot, die er wohl zum Verfüttern aufs Land brachte.

Berlin ist nicht zuletzt ein aus der Wohnung nach draußen ins Freie erweiterter Raum namens Balkon. Wie nirgends sonst spielte und spielt der Balkon in Berlin eine Hauptrolle als Extra-Dimension städtischer Existenz. Er wurde zum Privatgarten, zum Beobachtungsposten der Nachbarn und vor allem zum familiären Treffpunkt. An lauen Sommerabenden saß die meist über die Woche hinweg verstreute Familie zusammen am Tisch bei Lampenschein und greulicher Waldmeisterbowle. Der Balkon war auch Luftkurort: Aus »Mangel an Masse« verbrachte man seinen Urlaub im Liegestuhl, unter dem Sonnenschirm vor sich hin dösend.

Berlin, das sind auch die wenigen, noch aus der Jahrhundertwende stammenden Markthallen. Und vor allem die S-Bahn, die häufig an Hinterhöfen, nein, Gartenhäusern vorbeifährt und von der aus man angestrengt auf die vorbeirollenden Fassaden, auf ihre Fenster starrt, um hinter den Scheiben irgend etwas Sensationelles zu erhaschen, ohne jedoch jemals wirklich etwas Interessanteres als eine das Staubtuch ausschüttelnde Hausfrau wahrzunehmen. Natürlich bekennt sich Berlin zu seiner Identität auch in seinen Kneipen, die rund um die Uhr geöffnet sind. In eine von ihnen am Vormittag eintretend, in ihr Halbdunkel, wo hinter einer blitzblank geputzten Theke der Wirt eingeschlafen zu sein scheint, bewacht von seinem kaum muntereren, ebenfalls nicht mehr ganz jungen Vierbeiner, gerät man sozusagen in das Entree der Stadt, deren Wahrzeichen statt der Viktoria auf der Siegessäule besser das einladende Schild einer Eckkneipe sein sollte.

Was künftig mit Berlin geschehen mag, welche Veränderungen es noch wird aushalten müssen, es kann nichts Schlimmeres mehr kommen als das, was über die Stadt und ihre Bewohner hinweggegangen ist. Und es bleiben ja doch immer noch Nischen und Rückzugsbereiche, um den Berlinern das Gefühl zu geben, hier zu Hause zu sein.

Heimat als Reisegepäck
Ein Nachwort

»Heimat« ist einer jener Begriffe, welche wir mit solcher Selbstverständlichkeit benutzen, als bestünde über die von ihnen bezeichnete Sache widerspruchslose Klarheit. Sind wir aber gewillt, die Karl-Kraus-Sentenz, je näher man ein Wort anschaue, desto ferner blicke es zurück, ernst zu nehmen, verliert sich rasch diese Selbstverständlichkeit und Fragen tauchen auf. Was ist das eigentlich – Heimat? Wir glauben ganz sicher: Die Gegend, in der wir aufwuchsen, sei es Landschaft oder Stadtschaft, und wo wir uns in jeder Hinsicht auskennen. Ganz gewiß ist Heimat nicht unbedingt mit dem Staat identisch und nicht mit der Nation, zu der wir uns rechnen. Wir wissen auch, daß man aus der Heimat vertrieben werden kann, was jedoch keine Spazialität unseres Jahrhunderts darstellt. Heimat, wird behauptet, sei das absolut Unveränderliche; wenn dem nicht so wäre, wieso sie wiedererringen wollen? Aber stimmt Letzteres tatsächlich? Kann der Zustand von »Heimatlosigkeit« nur Zwischenspiel sein, nach welchem sich die ehemalige Situation wiederherstellt und die Zeitkluft schließt, als sei sie nicht gewesen? Ansichten dieser Art setzen den Irrtum voraus, daß einerseits die Zeit stillstünde und andererseits keine subjektive Veränderung stattfände. Dabei hat uns Heraklit bereits vor rund 2500 Jahren mitgeteilt, daß allein der Wandel unwandelbar sei und niemand zweimal in denselben Fluß steige. Wir selber bleiben uns nicht gleich, sowenig wie die Umgebung, aus der wir stammen, und an welcher wir während unserer Abwesenheit unbewußt visuell arbeiten. Wer kennte nicht die zumindest besuchsweise Rückkehr zu Plätzen der Jugend, zu Plätzen, an denen man Phasen seines Lebens verbrachte, um nach ebendieser Wiederkehr über die unerwartete Fremdheit des scheinbar gut Gekannten verwundert zu sein. Haben wir unvermutet und unabsichtlich und allein durch eine zeitlich begrenzte Abwesenheit die Heimat schon verloren? Ist sie denn so ephemer, daß zehn, fünfzehn Jahre genügen, um sie verändert vorzufinden? Oder hat eher uns diese Veränderung überwältigt, so daß wir sie anders anschauen als einst? Warum bringen wir ihr nicht mehr dasselbe Gefühl entgegen wie früher?

Heimat – das war für uns, die wir unsere Tierheit verdrängen und verleugnen, nichts als ein Biotop, wo das Bescheidwissen uns Sicherheit und Geborgenheit vermittelte. Ob die Linde am Brunnen oder der graue Hinterhof, die Dauerbekanntschaft mit der gewohnten Wirklichkeit erzeugte jenes unreflektierte Angeheimeltsein, das unabdingbar zur Bewältigung des Lebens nötig ist. Heimat war auch die Sprache, besser: der Dialekt, waren die Regeln und Riten der Nachbarschaft, ihre Verhaltensweisen, die, da man sie von klein auf erlernt hatte, durch ihre Voraussehbarkeit ebenfalls zum Sedativ »Heimat« gehörten. Und nicht zuletzt erwies sich ein Element als wesentlich für die Heimatbindung: Die regionale Küche. Wie leuchten die Augen des Schleswig-Holsteiners in der Fremde, wenn ihm von Grützwurst mit Rosinen gesprochen wird, während andere davor Widerwillen zeigen. Geröstete Heuschrecken sind dem Afrikaner, was dem Japaner der rohe Fisch ist und beides zusammen uns zum Ekel. Aber Heimat konstituiert sich in stärkerem Maße über die Geschmacksnerven als unsere Psychologie es wahrhaben will. Unsere Animalität klammert sich eher an den Kochtopf als an Ideale und Ideen, und so kommt es, daß wir beispielsweise in den USA Bürgern polnischer oder chinesischer Abstammung in der zweiten oder gar dritten Generation begegnen, die zwar kein Wort Polnisch oder Chinesisch können, nichts von Adam Mickiewicz oder Konfuzius wissen, jedoch keinesfalls auf ihre eingelegten Gurken verzichten würden oder auf ihre Peking-Ente. Hierbei handelt es sich um etwas, das man mitnichten eine »Erinnerung an die alte Heimat« zu nennen vermag, da ein derartiges Erinnern ja völlig unmöglich ist. Und doch gehören diese »heimatlichen« Speisen zur Identität von Leuten, deren eigentliche Heimat ihrem Gaumen widerspricht. Ist Heimat gar etwas wie ein Substrat, das nicht ortsgebunden ist? Kann Heimat transportabel sein wie ein Koffer? Zumindest jene Heimat, die man als Bild mit sich nimmt, sobald man ihre Realität mehr oder minder freiwillig verläßt, präsentiert sich heimatlicher als der Landstrich oder die Stadt, die man hinter sich ließ. Mit einem Paradoxon ließe sich also sagen: Am schönsten ist jene Heimat, die nicht mehr existiert. Denn sie kann durch ihre Tristheit, Kleinheit, Enge und Muffigkeit nicht mehr das Bild widerlegen, das ganz von selber in unserem Gedächtnis entstanden ist. Der psychische Zwangsmechanismus des Menschen, alles Vergangene zu vergolden, zumindest zu verschönen und zu reinigen, nämlich von allem Schmerzlichen, Negativen, Unangenehmen, es von allen schlechten Erfahrungen zu befreien, hebt das Gewesene, wie eben auch die verlassene Heimat, in den Rang einer Fiktion. Man erinnert sich des Äpfelstehlens und an den süßen Geschmack, seltener an die erfolgte Züchtigung. Die erfreulichen Erlebnisse des Vorvorgestern überdecken die schlimmen Beleidigungen und Versagungen. Wer hätte nicht oft von Heimatbesuchen gehört, die zur Enttäuschung wurden, weil das innere Bild mit dem äußeren nicht übereinstimmte.

Freilich: Man kann Heimat auch verlieren, obwohl man noch in ihr siedelt: Wenn man nämlich durch irgendein Geschehnis zum Außenseiter wird. Heimat ist ja nicht allein ein emotionaler Fixpunkt, ein Schutzraum für ihre Einwohner, sie verlangt zugleich aufs Rigideste deren Konsens. Wer aus irgendwelchen Gründen aus dieser regional oder territorial umgrenzten Gemeinschaft herausfällt, gilt dieser fremder als fremd. Denn dem Fremden begegnet man mit Gleichgültigkeit, da er nie dazugehört hat und nie dazugehören wird.

Der zum Außenseiter ernannte aber weckt Aggressivität und Angst, weil er vordem integriert gewesen war und nun, als Fremdkörper, die Unerträglichkeit des Ausgegrenztseins ständig vor Augen führt. Dieses Exempel erlitten jüdische Deutsche damals in ihren jeweiligen deutschen Regionen.

Doch zum Trost gibt es Heimat in einem abstrakten Zustand, der den Namen »Kunst« trägt. Die Kunst, ob Musik, Literatur oder Malerei, bietet ein dem Heimatgefühl analoges Empfinden demjenigen, der sich in der Kunst aufgehoben weiß. Wie die konkrete Heimat, faktisch erlebt oder sehnsüchtig erinnert, bildet die Kunst den psychotherapeutisch wirkenden Kontrast zur Unbill oder Öde des Alltags. Wenn Kunst überhaupt eine Funktion hat, dann diese. Und sehr wahrscheinlich wird ihre Bedeutung wachsen, je mehr Heimat durch Zerstörung dahinschwindet. Weil Heimat nicht länger als Synonym für Daseins- und Umweltkontinuität zu stehen vermag, treten unaufhaltsam und unmerklich andere Konstanten an ihre Stelle. Eine davon wäre die Kunst.

Inhalt

Günter Kunert im
Carl Hanser Verlag

Gedichte

Abtötungsverfahren
92 Seiten. 1980

Berlin beizeiten
117 Seiten. 1987

Erinnerung an einen Planeten
Gedichte aus fünfzehn Jahren
85 Seiten. 1963

Fremd daheim
128 Seiten. 1990

Im weiteren Fortgang
117 Seiten. 1974

Stilleben
111 Seiten. 1983

Unterwegs nach Utopia
96 Seiten. 1977

Verkündigung des Wetters
91 Seiten. 1966

Verlangen nach Bomarzo
Reisegedichte
Mit 12 Federzeichnungen des Autors
73 Seiten. 1978

Warnung vor Spiegeln
87 Seiten. 1970

Prosa

Auf Abwegen und andere Verirrungen
299 Seiten. 1988

Camera obscura
Prosa
136 Seiten. 1978

Der andere Planet
Ansichten von Amerika
207 Seiten. 1975

Die Beerdigung findet in aller Stille statt
Erzählungen
120 Seiten. 1968

Die Schreie der Fledermäuse
Geschichten, Gedichte, Aufsätze
Herausgegeben von Dieter E. Zimmer
383 Seiten. 1979

Gast aus England
Erzählung
157 Seiten. 1973

Im Namen der Hüte
Roman
265 Seiten. 1967

Tagträume in Berlin und andernorts
Kleine Prosa, Erzählungen, Aufsätze
334 Seiten. 1972

Verspätete Monologe
202 Seiten. 1981

Zurück ins Paradies
Geschichten
172 Seiten. 1984

Im toten Winkel
Ein Hausbuch
224 Seiten. 1992

Essays

Diesseits des Erinnerns
Aufsätze
247 Seiten. 1982

Vor der Sintflut
Gedichte als Arche Noah
Frankfurter Vorlesungen
117 Seiten. 1985

Warum schreiben?
Notizen zur Literatur
295 Seiten. 1976

Aus fremder Heimat
Zur Exilsituation heutiger Literatur
Herausgegeben von Günter Kunert
116 Seiten. 1988

Die letzten Indianer Europas
Kommentare zum Traum, der Leben heißt. Essays
288 Seiten. 1991

Der Sturz vom Sockel
Feststellungen und Widersprüche
152 Seiten. 1992

Über Günter Kunert

Kunert lesen
Herausgegeben von Michael Krüger
236 Seiten. 1979

Günter Kunert
Beiträge zu seinem Werk
Herausgegeben von Manfred Durzak
352 Seiten. 1992